PARÁBOLA DE LA CIZAÑA

LA PEREZA EDICIONES

Parábola de la cizaña

© Federico Vite

Primera edición, 2012

Diagramación: Yissel Casado
© Sobre esta edición: mayo de 2018
La Pereza Ediciones, Corp
www.lapereza.net

ISBN-13: 978-09993148-2-1 (La Pereza Ediciones)

Impreso en Estados Unidos de América

PARÁBOLA DE LA CIZAÑA

Federico Vite

A Carlos, David y Balzac
por mostrarme la posibilidad de la luz.

ÍNDICE

La cabeza de Xavier se encuentra a diez metros de su cuerpo, sobre la cancha de basquetbol del reclusorio. Los sobrevivientes de la tromba atestiguan la rigidez del cadáver. Horas atrás ese hombre confrontó la violencia de una borrasca con vocablos extraños. Al ver los estigmas en las manos y en la frente, cualquiera de los ahí reunidos hubiera pensado que ese cuerpo fue la geografía de una batalla entre dos misterios que se impactaron sin tregua: la demencia y la fe.

En el comedor de la cárcel, guardias y presos tienen una certeza: lo peor está por venir. Las mesas rectangulares sirven de vallas, protegen del golpeteo ensoberbecido del agua, de la lluvia torrencial.

—No se ve fin a esto —dice uno de los diez enfermeros, empapado por completo, furioso—. No se ve nada, ni el pinche cielo —agrega guareciéndose bajo el dintel del sanatorio. Tose mientras fuma y el aro formado por el humo del cigarro asciende. Láminas de asbesto se desprenden del techo, vuelan, hojas sueltas de una guillotina enorme; se elevan e imitan a su manera el humor de la tormenta. El enfermero posa los ojos en el suelo; descubre, a media bocanada, ratas nerviosas que intentan sin fortuna huir del remolino creado por la coladera. Los roedores chillan. Uno a uno caen a la espiral descendente.

—Pendejos —susurra. Arroja el humo con fuerza y enjuga con la mano el agua que cae de su frente. Camina hasta unirse al grupo de enfermeros, esquinados en una cabina.

Arrecia el viento. Una de las láminas, los clavos y la madera que la sujetaban cedieron, planea hacia la cancha de basquetbol. Jesús tirita. Padre nuestro, repite. Lleva horas con esas palabras en la boca. Ve cómo golpea el granizo a las paredes del penal. La bruma obstaculiza poco a poco su visión. Se muerde las yemas de los dedos. Sangra. Se ha desprendido la piel, pero sigue devorándose. Obsesivamente canta: Santificado sea tu nombre. Vénganos tu reino...

Gotas grisáceas resbalan por la epidermis del cuerpo delgado de Xavier, quien gime en medio de la cancha. La ansiedad de nuevo ataca; le produce llantos, náuseas: dolor. La cruz de la frente se ve diáfana, parece dibujada por un hombre adiestrado en el arte de figuras sacras; nunca se había visto tan clara. Parpadea, escucha una voz y cierra los ojos. Siente cómo el agua humedece su rostro. Las nubes tienen la arquitectura del caos.

—De rodillas y a tus pies —grita.

Esa lámina, impulsada por la ventisca, corta el cuello de Xavier; la cabeza es arrancada del cuerpo, rueda violentamente.

La cola de un alacrán, eso crea el relámpago en las alturas.

Sombrías, nubes de consistencia pétrea se movilizan contra la oración que Xavier eleva:

—Fortifica mi corazón para que ante el mundo te proclame.

Grises como el acero, caen las primeras gotas de lluvia, ondas gélidas corren al encuentro de los brazos extendidos de Xavier. Los presos miran con espanto la fortaleza que se abre poco a poco en medio de la oscuridad que impera en esta parte del mundo.

—Para que ante los ojos de los hombres, Señor, te proclame —dice.

Desde las colinas, poco a poco, cargada de mortales presagios se aproxima la niebla. La mañana se anochece. El viento aplasta el semblante pacífico de Xavier, su condición de párroco venido a menos. Mantiene la mirada fija en el cielo, en medio de la cancha del reclusorio. Abre el compás de sus piernas, pero aún con las pulsiones del miedo cabalgando en su pecho se mantiene quieto. No retrocede ante el advenimiento de la borrasca. Es un condenado esperando la sentencia. El sonido del trueno recuerda bramidos de monstruos mitológicos, es el inicio de un vendaval impostergable.

Xavier da un paso al frente: la fuerza de un idioma sagrado le convoca. Acecha la rabia estridente de la lluvia. Escucha, piensa que escucha esa voz, palabras que caen murmurando un saludo. *Venimos de andar el mundo y recorrerlo.* La lengua de fuego del relámpago alumbra los pasillos del reclusorio, donde los presos atestiguan el advenimiento de la tromba.

—Hágase tu voluntad y no la mía —dice Xavier ante el viento, la cruz de su frente parece animada por los coágulos de sangre. Comienza la lluvia.

El reportero ve con sus binoculares cómo el agua desborda la presa; la ciudad se inunda irremediablemente.

—¿Por qué? —dice; su voz es nasal—. Así de golpe todo.

Las calles se inundan poco a poco, el reflejo del cielo en la tierra es agua sucia. La inundación desata el miedo.

Está convencido de que las figuras creadas por las nubes, los homicidios y las palabras de Xavier fueron señales. Anunciaciones, piensa. Decide escribir un libro para testimoniar estos hechos que confunden y confrontan. Necesita dar cuenta de la destrucción a su alrededor. Tiene la necesidad de poner su asombro en el papel.

El reportero no ha visto a nadie vivo. Desde su sitio, observa cadáveres de hombres, de mujeres, de niños flotando a la deriva. Estornuda. No logra respirar muy bien; las fosas nasales están llenas de mucosa. Respira con dificultad por la boca.

Las avenidas se han convertido en ríos; los edificios, en pequeños diques. Los autos parecen navegaciones estropeadas, signos endebles, sin sentido ahora que la solidez del pavimento es un recuerdo.

Escucha gritos de personas que intentan escapar de los brazos de agua. Hace un recuento de las actividades que hizo en el día. Regresó al periódico. Acabó la nota de la mujer que había sido asesinada por su novio. El sistema eléctrico de su Jeep falló a unos metros de su casa. Dejó el auto en la calle. Volvió caminando a su domicilio, sorprendido por la cantidad y la potencia de la lluvia. Imagina la desesperación de esas personas, los intentos que realizan por aferrarse a la vida. Oye las voces alejándose, hundiéndose. El sonido cavernoso de los truenos hace temblar los cristales de la ventana, el visor para conocer las dimensiones de la catástrofe. Piensa que si la tormenta no cesa, la ciudad quedará destruida.

—Maté a ese hombre —besa trémulo su pulgar e índice, esa cruz de carne—. Pero no vi de dónde salió. Estaba ahí, tirado. Pero no quise hacerlo.

Estornuda; sacude la cabeza con furia. Tiembla. En el cielo, las nubes son una muralla; la lluvia, sólo la continuidad del silencio. El reportero balancea el cuerpo en la esquina de su sala. Se filtran hilos de agua bajo la puerta, escucha los golpes, iterados impulsos de algo vivo y agreste que amenaza con irrumpir en la habitación.

—Resistir —ruega—. Tiene que resistir la puerta.

El pulso de la ciudad es el agua nerviosa, iracunda.

Cierra los ojos. El castañeteo de los dientes fondea sus ideas culpígenas por la muerte de ese hombre. Cree que lo peor de todo es su miedo a morir. Un pájaro se estrella contra el cristal de la ventana. Grazna. No hay casualidades, piensa. Sabe que debe escribir un libro violento, sincero, donde plasme todos los daños causados por la tormenta; agregará la ola de homicidios. La única certeza es el golpeteo del ave contra el cristal.

Afuera, contra la puerta principal de la casa, el cuerpo de Karla choca suavemente una y otra vez, impulsada por el oleaje que arremete contra el sitio que destruirá.

V

Venidos de andar por el mundo y recorrerlo.

Xavier se cubre las orejas con las manos; ve a los presos atravesar el patio, apresurados, buscan un techo que los guarezca de la incipiente tormenta. Siente, cree que siente vibrar el suelo; escucha el arribo de gigantescos ejércitos de agua, pasos que tamborilean la tierra, inundan la cancha de basquetbol, hielan la sangre. Tiene sed: la lluvia le mojará los labios. Descubre que esa voz viene de su cuerpo. Él también es parte de un discurso; tiene palabras dentro, las siente bullir, reverberan en su cabeza.

Por el mundo y recorrerlo.

Y él recuerda la charla con Luis. Suspira. Sabe perfectamente a qué se refieren esas frases. Un relámpago crea venas en el cielo; en seguida el trueno trae a Xavier al presente. Siente que el concreto de la cancha se afloja, se transforma en fango. Los pies comienzan a enlodarse; su cuerpo tiembla cuando el viento le toca la cara. Y de las cuencas de sus ojos brota sangre. La visibilidad se empaña.

El enano, cerca de Xavier, pide que regresen al comedor de la cárcel, pero las palabras son poco claras, inaudibles, es más fuerte el sonido del agua ametrallando el techo del comedor.

—No sólo nosotros, Señor, también los no vivos —comenta Xavier parpadeando.

—No quiero morir igual que mi hija —grita el enano—. No quiero.

Aprieta los puños y ante la fortaleza de la tormenta confiesa su desesperación:

—Con agua no.

Venimos.

Xavier reconoce la voz de Tomás; la rabia enardece su discurso:

—¡Tú me trajiste!

Todo el pavor que lo ha consumido desde años atrás se vuelve incontrolable; pierde la seguridad en sí mismo.

—¿Por qué tú?

Tiene ante sí el viento y la lluvia; los relámpagos simulan la columna vertebral de un gigante que acecha entre la niebla.

—La fe, Señor, es la memoria del miedo —afirma, confundido por los distintos registros de la voz que escucha, tesituras familiares, agudezas que recuerdan estertores. Sacude la cabeza, abre los brazos y la sangre que escurre de las manos también se derrama en la cancha, se mezcla con el nivel del agua que aumenta a cada momento.

Aquel hombre bajo la lluvia es un signo que sacude los pensamientos de los presos, de los guardias. Nadie sabe por qué una tormenta se desata con tanta furia; tampoco comprende por qué Xavier sigue hincado, junto al enano y el hombre de la herida en la oreja, quien se persigna y clama:

—¡Ayúdanos!

Los reclusos, al ver la escena, saben que lo presagiado en el cielo no es una llovizna; sobre todo, porque las nubes se mueven con la precisión suficiente para formar figuras grotescas de corceles galopando hacia la Tierra, esa imagen motiva reflexiones de trágicas consecuencias en los testigos.

El viento ciclónico embiste contra los muros de la cárcel, sacude los árboles; las gotas resbalan por los ladrillos son ojos diminutos presenciando el desastre que inicia.

—Me conformo, Señor, con ser un grano más de la arena que tú creaste para formar al hombre —dice Xavier temblando de frío.

—Con agua no —ruega el enano y junta sus manos, forma un triángulo con ellas.

Cerca de la cárcel se oyen los aullidos de los perros. Levantan sus bramidos al cielo que los moja. Corren de un lado a otro en busca de un lugar para protegerse. En sus pupilas se reflejan matorrales que bailan con la ventisca. Uno de los caninos más débiles, en su intento por cruzar la calle, es tragado por la corriente fortalecida por la lluvia. Los autos avanzan con lentitud. Las rocas también se unen a la vertiente del río que crece.

Xavier se tambalea, baja los brazos y cierra los ojos; respira con rapidez, abre la boca con la desesperación de un pez en agonía. Y el enano observa al hombre de la herida en el oído, intercambian miradas. No logran escucharse. Ambos gritan, pero ninguno oye las palabras del otro; la lluvia opaca todo, entorpece las ideas, moja la pólvora de la lengua. El enano se pone de pie, intenta levantar a Xavier, pero sólo le jala el cabello. Xavier habla. Piensa que habla:

—No, Señor, en el fondo sólo quiero saber cuál es mi voz, ¿cuál ha sido la necesidad de mi voz?

Tose. Siente que la lluvia lo bautiza; se imagina rodeado por Tomás de Aquino, por el silencio espeso de ese hombre de mirada inquisitiva. Y escucha, piensa que escucha, la voz que desde hace tiempo le susurra frases al oído.

Los reclusos amplifican el miedo cuando oyen los maullidos de los gatos, los ruidos de los animales asustados. Todas las bestias nombran en coro, con sus lenguas salvajes, algo frío que se avecina. La tormenta ya salió de los pómulos del cielo, ya puso el rostro en la tierra; la ha besado.

El hombre con la herida en la oreja abandona su sitio junto a Xavier; corre hasta el comedor de la cárcel, donde los presos intercambian comentarios:

—Hace tiempo que no llueve tanto.

—Desde que ese cabrón de la cruz salió al patio se alocó el clima.

—Ojalá no dure mucho esto.

El hombre se cubre la herida de su oreja con la mano, siente un zumbido dentro de su cabeza. Duele. Ve al enano, a Xavier y el dolor aumenta.

—Señor, te espero, tú eres en mí el fuego —balbucea Xavier cuando el enano huye al ver cómo se inunda el patio.

Xavier ve con tonos rojizos el mundo. Un trueno le hace imaginar que esa puede ser la voz que necesitaba oír. Piensa que escucha: *Se alza contra mí como testigo adverso.*

El pulso tembloroso del agua toca las rodillas del enano, quien se aterra al imaginarse el sufrimiento de su hija en aquella tina. Detiene sus pasos en la entrada de la enfermería. Baja la mirada. Suspira.

—Tú eres mi fuego, Señor —reconoce Xavier.

La tranquilidad en la cárcel está fuera de borda; los truenos y los ladridos de los perros también, como los graznidos de las aves que buscan refugio entre las ramas frondosas de los árboles.

Cae. El agua. Cae. La sangre de la frente de Xavier escurre. La cruz se ve como nueva; la ciudad también. Bautizadas están.

—Alabado seas, Señor —dice Xavier y levanta la mirada.

Las nubes están cerca de la cancha, han perdido su habilidad para hacer figuras de jinetes y corceles, neblina son. Desciende la grisura.

Xavier percibe, en su pecho, la humedad de una palabra. Escucha. Piensa que escucha su nombre.

—De rodillas y a tus pies, Señor, de rodillas y a tus pies.

La niebla cubre por completo el patio y, poco a poco, la densidad de la lluvia aumenta.

—A tus pies, Señor.

En la ciudad un monstruo de cientos de ojos se asoma por las ventanas y descubre la oscuridad en expansión. El agua desciende por los edificios, empantana las calles, los callejones. Inunda todo.

Xavier está rodeado por la niebla, escucha, piensa que escucha: *Venimos de andar el mundo y recorrerlo por ti.*

23

La cárcel es un enjambre de murmullos. La ciudad se sacude al escuchar un trueno, sonido prodigioso que parece el redoble de un tambor; la sordina de una trompeta potenciada por los filos de una voz fría.

VI

El enano no ha despertado completamente. Cambia de posición en el camastro; no abre los ojos. El sueño detiene los párpados. No ha podido dormir bien. En su cuerpo algo grande, como la realidad, lo inmoviliza. La culpa, para él, también es inmensa; intenta soñar con su hija. Escucha que Xavier habla en voz baja, pero no entiende las palabras, tampoco se interesa en ellas. Se cubre la cara con una cobija raída. Quiere aprovechar los últimos minutos antes de que el celador llegue a despertarlos, a decirles que ya es hora de poner los pies en la dureza del suelo y matar las ilusiones.

—Dame fuerza —dice Xavier con los ojos cerrados, con el cansancio y el dolor en la cabeza, en el pecho, en el estómago. El hambre aún es soportable.

El hombre de la herida en el oído sigue durmiendo. Tiene las manos en la espalda del enano. Sueña con su esposa, en la última vez que la vio desnuda, minutos antes de que la puerta de la casa fuera derribada por los judiciales. Escucha la canción que salía de la grabadora. Recobra la imagen del hombre al que atacó; el modo agresivo para quitarle aquel Volkswagen recién comprado. Y compungido evoca —aunque desea corregir en la duermevela los hechos— el movimiento del índice, la pulsión al gatillo que precede la sensación de culpa y esa mancha de sangre creciendo

sobre la camisa de seda. La puerta cae: los uniforma-
dos están dentro; lo señalan con el cañón de los rifles.
Ni siquiera pudo gastar el dinero que había recibido
por la venta del auto. Sabe que paga un gran error,
que debe tener calma. La contusión en el oído es un
regalo policiaco: un puntapié le dio la bienvenida al
mundo del ruido y el encierro. Abre los ojos. Esta es
la pesadilla, vivir sin esperanza. Su oficio es olvidar la
falla cometida.

Xavier se siente mareado. Ve las hojas pegadas en
el techo. No sabe cómo explicar lo que ha ocurrido
con ellas. Cree que lo mejor es olvidar el inciden-
te. Observa el estigma de su diestra: la sangre seca
parece otra capa de piel, podría decirse que se trata
de un guante viscoso, el cual ha ido creciendo. Las
líneas de su mano son más notorias. El destino está
marcado en ellas, piensa, todo es más claro. Hace el
intento por recordar cuándo fue la primera vez que
tuvo visiones. Cuando la heroína entraba en las venas
aparecían las mujeres desnudas y él, Tomás de Aquino, aleccionaba sobre la espesura de la vida en los
tiempos conflictivos. Todos se agrupaban en la esquina del cuarto, desde ahí presenciaron infinidad de
ocasiones cómo ascendían las féminas muertas por
mano propia, despacio y con la mirada fija en el suelo
iban subiendo, atravesaban el techo sin complicaciones. Cuando la heroína llegó, se sorprende, vinieron
los de aliento frío.

—No quiero tener miedo. ¿Por qué las marcas?
¿Por qué una cruz en la frente? ¿Y si no me marcaste
Tú, Señor? —dice bajando la mirada, emula el adiós

repentino de las reunidas en su cuarto, sienta la mirada de Tomás; gira en círculo buscando la corporeidad de aquel visitante. Suspira. Observa sus dedos largos y las uñas sucias. Voltea las palmas con la intención de comprobar si las líneas aún siguen tan pronunciadas. No puede haber dudas al respecto, todo es obra del Señor, concluye. Sonríe, como si quisiera disculparse por las interrogantes que ha hecho. Levanta la cabeza. Y las hojas en el techo se ven más viejas que hace unas horas. No sabe cómo se adhirieron ahí, pero imagina que todo es, como en algún momento se lo dijo Tomás, un asunto de fe. Creer no hace las cosas, las provoca, recuerda. Traga saliva. Parte de su cabello cae por la frente. Renace su temor al imaginar a Cristo junto a él: un hombre con la mirada tiernísima, herido más allá del dolor, con placer quizá. Confronta su recuerdo diciendo:

—A ti me confío.

Si aún fuera niño lloraría. Tose. Tiene la necesidad de castigarse, como si de nueva cuenta la culpa por haber robado las limosnas lo inundara. No puede salir en busca de resistol. Hoy no. tampoco se rapará. No sentirá el metal de la navaja cortando su nuca.

—A ti me confío —pide mientras perpetua las caricias que los perros le otorgaban con la lengua, también el rostro de Carmen acercándose alegremente al vientre con la intención de imitar los placeres que le brindaban los canes. Y el pasado amplifica el goce de aquellos días; el miedo potente de presenciar los desplazamientos de hombres y mujeres sin piernas. Espectros deformes flotaban sobre la basura del lote baldío en medio de la noche. Veía con regularidad a Tomás de Aquino. Y luego las voces comenzaron sus recitales, pedían que huyera de aquel sitio pestilente y oscuro. Nunca supo de dónde provenían tantas ofensas, gruñidos y solicitudes de ayuda. Tenía claro que bajo los efectos del inhalante se incrementaban los sonidos, las órdenes. Sabía que, tirado, no importaba la sustancia que tuviera dentro, su cuerpo era una caja de resonancias. En su cuarto fue peor, las palabras caían de las paredes.

Y Xavier no sabe por qué no quita la vista del techo, tiembla bajo la señal impresa en las hojas.

—¡Para fuera! ¡Para fuera! —grita un guardia mientras golpea los barrotes con el tolete.

A Xavier el escándalo le hace pensar en botes repletos de basura, en el contenedor que fungía como casa cuando la lluvia era implacable. Y el sonido del tolete hizo gris la mañana. Desde el pasillo se anunciaba una tormenta. Tal vez, piensa, no fue bueno entrar a la carnicería ¿Para qué?

No sabe si lo hizo por instinto o por las voces que salían de su cabeza, sin control: *Acércate. Todos tienen que comer. La carne es nuestra. Convoca a todas las bestias. Levanta los brazos y haz de tu voz la guía.* Sabe que la voz fue saliendo de su boca, que por eso se sumaron al ataque los perros. Todos debían comer la carne.

—¿Yo quise o me ordenaron? —se pregunta y recuerda las secuencias: *Rompe el cristal. Todos deben cenar por última vez. Tienes en la frente la autoridad, en las manos la furia. Dales el pan.*

Avanza por el pasillo. El día es nuevo, acaba de inaugurarse; será gris para Xavier. Los gritos en el pasillo corroen:

—Ya te habló tu padrote, pendejo.

—A ver si tienes los güevos para seguir diciendo pendejadas.

—En los baños no te salvas, putita.

La última palabra le hace pensar en Karla. ¿Dónde estará? Se pregunta.

Imagina que ella está en el motel. La ve con sus ojos blancos, pidiendo ayuda, rogando que alguien le regrese la vista. Y las voces de nuevo atacan: *No verá el fin.*

Xavier camina; todos los presos están saliendo de sus celdas; le dan golpes, pero no cae. Llega al patio. Los reclusos se vuelven más opacos bajo la sombra de las nubes gigantescas. Se agrupan. Un guardia ordena que todos muevan los brazos hacia el cielo; luego que los bajen.

—¡A sacudirse la güeva, cabrones! —grita al frente de ellos.

Giran el cuello, como si se tratara de un martillo atrofiado. Ejercitan el pecho y los brazos mediante la ejecución de lagartijas. Los hombros tiemblan, sobre todo los de los reclusos pasados de peso que apenas ponen su pecho en el suelo y se levantan un par de veces. La luz del sol se filtra entre las nubes que parecen un puño cerrado. Es muy poca, suficiente para que los alambres de púas exalten su filo. El muro de la cárcel, ancho y grueso, es una puerta sellada. El enano, en medio de todos, es como un niño que imita las acciones de los grandes. Se mueve a manera de reptil, incluso más rápido que los delgados, quienes no lograban terminar su tanda de sentadillas. Y Xavier ni siquiera puede flexionar sus piernas; le duele todo el cuerpo. Tiene hambre. Suda. Las gotas se mezclan con la mugre de la piel, con la sangre pegada en las manos y en la frente. Para su fortuna, la sesión de ejercicios no es muy extensa. Los presos rompen filas y caminan en el patio. Dan un rondín. En una de las esquinas hay una capilla pequeña, habitada por una virgen: una mujer morena que tiene juntas las manos y sus ojos parecen enfocar a quien la observa. Los labios forman una especie de sonrisa, una mueca posterior a la carcajada, en todo caso, un gesto cansado de ser amistoso.

Y Xavier se pone al frente de la imagen; se hinca.

—Gracias por tu misericordia —dice, aunque siente que no son sus palabras, suenan al tono de voz que usaba Tomás de Aquino, como las voces que lo han acompañado desde siempre. Se persigna.

Los presos se mantienen de pie, aprietan sus escapularios o besan las cruces que cuelgan de hilos de seda, de cáñamo. Balbucean rezos:

—Dios te salve, maría.

—Cuídanos de todo mal.

—Ruega por nosotros, los pecadores.

Hilos de voz que unifican en una sola plegaria el perdón. La culpa, si pudiera verse en los rostros de los creyentes, sería un puñetazo que afecta el interior del corazón; por eso se golpean el pecho con la mano cerrada. Unos dan suaves toques, como si trataran de abrir una puerta; otros, sintiendo la furia de su pena, hacen de su mano una especie de puñal que los hiere. Piden perdón, dicen: "Yo pecador". Y se nombran: "Faustino, Eleazar, Jerónimo, Marcos, Daniel".

—Pecadores —dice Xavier, enronqueciendo su voz—. Pecadores todos, de aquí sólo el destierro del corazón nos salva porque estamos participando de tu vida, Señor —y agrega—: Sólo tengo mi fe/mi cuerpo/ porque mis heridas son las tuyas/ son las voces del anuncio/que me unirán al calor de tu palabra/ a tus manos que me hicieron de tierra.

Xavier no sangra con vehemencia, como en ocasiones anteriores, unas cuantas gotas se desparraman. Los orificios en las manos se abren con lentitud, en la medida en que las palabras se van elevando al cielo.

El viento es poderoso, agita los cabellos de los presos; enceguece a la mayoría de ellos.

—Ruega por nosotros, los pecadores. Ruega por nosotros —repite Xavier y cierra los ojos.

Las nubes espesas se agrupan, suenan los truenos, como si fueran la sordina de una trompeta o el requiebre de un grupo de tambores.

Los diálogos de los presos se van transformando en exclamaciones de sorpresa. Tienen la razón nublada también. La virgen cae: se rompe. Las veladoras se apagan poco a poco.

El hombre de la herida en el oído se hinca y el enano, con las manos en la cabeza, le pide que se acerque. Los ojos de Xavier enrojecen. Comienzan a sangrar. Su pecho es una bóveda que soporta el miedo. Y las primeras gotas de sangre caen de los ojos. Mojan la tierra. Xavier gime, como si su voz se volviera un lamento. El polvo, tal vez porque tiene una respuesta, se levanta con fuerza del suelo, entra en las bocas de los presos asustados.

El enano llama a su hija y avanza de rodillas hasta colocarse al lado de Xavier; en el otro costado se acomoda el hombre de la herida en el oído. La lluvia comienza, impregna las ropas.

Xavier, con el agua en el cuerpo, se ve más delgado, es una extensión de la tierra mojada. Y piensa en Luis, en la necesidad que tiene de verlo; se derrumba.

Algo se esconde entre las nubes y amenaza con caerse del cielo. Las primeras gotas llegan al suelo. El viento arrecia. Borra los rezos del patio. Ahora sólo las miradas de los presos son un signo de interrogación. Xavier escucha: *Venimos de andar y recorrer el mundo*. Levanta la cabeza y al ver las nubes recuerda las hojas pegadas en el techo de la crujía.

VII

El reportero cierra la libreta y guarda el lapicero en el bolsillo de su camisa; frota la suela de su zapato en una roca para quitarse el estiércol de perro que había pisado. Aprovecha el momento para ordenar en su mente el testimonio de Cecilia, la única que se horrorizó por el asesinato de su vecina.

—¿No entiendo por qué hicieron eso? Catalina era buena. ¿Usted hubiera hecho lo mismo, joven? —argumenta. El rostro de Cecilia está lleno de granos blancos—. ¿A poco usted le haría eso a una mujer? No lo entiendo; de verdad. Lo del agua hirviendo es muy feo; seguro primero se quedó ciega y con ese dolor en los ojos. No, no. muy feo.

Antes de subir al Jeep, ve de reojo a los vecinos. Algunos barren la entrada de su casa. Un anciano, desde la mecedora, usa la mano como visera y mueve de izquierda a derecha la cabeza. Frunce el ceño; mastica tabaco y escupe contra una golpeada bacinica amarillenta. Rumia pensamientos al ritmo del mediodía caluroso.

—Ella estuvo en mi casa, joven. No tengo mucho de vivir por acá, pero nos llevábamos bien. Me contaba cosas y hasta nos poníamos a platicar de lo que soñamos, porque ella creía mucho en eso. Andaba muy preocupada. Dijo que había pensado cortarse el cabello y llevárselo a la virgencita para que le perdonara todos sus pecados. Yo le contesté que no estaba bien eso de creerse todo lo de los sueños, pero ella me contó que vio cómo moría, con su pelo largo. De su novio no me habló mucho —son las últimas frases de Cecilia registradas en la grabadora.

El reportero piensa en la declaración que acaba de oír ahora que el fotógrafo toma imágenes de la vivienda, donde asesinaron a Catalina. Recargado en la portezuela del auto, sus ideas construyen una pregunta: ¿Qué ven los moribundos antes de su fin? ¿Un túnel?

Los peritos guardan algunas de las pertenencias de Catalina en la combi del Semefo. No parecen conmovidos. Encienden el vehículo; se alejan a toda velocidad.

El reportero intenta desviar sus pensamientos imaginando que justo en ese momento la cámara del fotógrafo enfoca las pertenencias de la muerta: vestidos, trastos; hay sangre en la cocina, en el comedor, cubierto con un mantel floreado de plástico. Suspira. Eleva la vista al cielo y descubre un grupo de nubes que, moldeadas por el viento, forman la cabeza de un caballo. El proceso es rápido: los belfos se forman por completo, luego la quijada. El jamelgo los observa oculto entre la espesura de otros nubarrones que se agrupan con prontitud, acorazan el paisaje. Ahora la luz es gris, violenta. La crin, delgada e hirsuta, se despeina, como si fuera el cabello de una muchacha que flota en una alberca.

Ahora esto, se dice el reportero. Hace tres días que ha perdido la tranquilidad. Duerme poco y piensa mucho en Dios, aunque no lo platica. Cavila las diversas interpretaciones sobre los homicidios de la última semana. ¿Tantas muertes son señales? Se cuestiona. Un bosque de signos resulta el mundo, deduce. Y recuerda momentáneamente a Xavier, quien le habló de la fe; también al hombre que mató hace unos minutos, al tipo que atravesó repentinamente la calle. Se levanta el polvo y el reportero se cubre la cara con la mano. Sube al Jeep; con la manija eleva el cristal de la ventanilla. Una polvareda golpea el parabrisas. Y ve a dos niños sucios, con los pantalones rotos, discutiendo por la pérdida de una canica; se golpean y uno de ellos arroja una piedra a la cabeza del otro, en seguida huye, como si el viento le arrastrara rumbo a una casa de madera, en medio de un lote baldío.

Enciende el Jeep y, ya que el fotógrafo subió al auto, avanza unos metros. Frena para ver el movimiento inusual de las nubes en el cielo azulísimo.

—Todo esto está muy raro —comenta sujetando el volante con fuerza.

—Mucho —responde su copiloto—. Vámonos, ya me gasté hoy. En la mañana estaba tranquilo, pero estas fotos me pusieron muy, no sé, extraño. Vi el cuarto y pensé que ahí vivía un muerto. Neta, Solana, sentí que ahí vivía un muerto y me seguía por toda la casa.

No hablaron durante todo el trayecto. Fumaban para ocultar su nerviosismo. El fotógrafo sintonizó una estación musical en el auto estéreo. Encontró un distractor excelente: *I feel good*. Cantó golpeándose las piernas con las palmas de las manos. Repetía las frases de un músico muerto y estaba completamente alegre.

Y los primeros relámpagos emergieron de entre las nubes, como tenazas de alacranes pequeños saliendo de los montículos de arena en el desierto.

VIII

Xavier, recostado en una de las sillas de metal, ve cómo uno de los enfermeros se hinca solemnemente frente a la estatua de una calavera enorme, ataviada con una túnica púrpura, que sujeta su guadaña con la mano derecha y con la siniestra una esfera en la cual los cinco continentes brillan enrojecidos.

—Si todo sale bien te traigo parte del cadáver, Niña —dice el hombre con las manos juntas; no tiene el dedo meñique de la mano izquierda; usa en el índice un anillo de plata que le cubre por completo la falange.

La pata de la silla rechina y el ruido saca de sus cavilaciones al enfermero, Xavier se levanta poco a poco, mareado, se le dificulta caminar.

—¿Tienes agua?

El enfermero lo ve con disgusto, se rasca la nariz con el dedo pulgar. Adopta con mayor seriedad su posición de penitente enfurecido.

—¿Tienes un poco de agua?

—En la llave —responde violento, gira la cabeza y descubre la frente de Xavier, de la cual escurre un hilo de sangre que mancha el párpado con suavidad.

Xavier apoya su mano en el respaldo de la silla y los rechinidos aumentan, como si el mueble estuviera lamentándose de cargar hombres heridos. Aún no recobra por completo el sentido.

—Te dejaron una madre ahí —comenta el enfermero señalando un sobre de papel en la orilla del retablo, cerca de los billetes amarrados con un listón rojo. Continúa con su petición, aprieta los puños. Se pone en pie y se aleja del altar; toma una de las escobas viejas de la esquina: barre una parte de la habitación. El viento que se filtra por los barrotes de la ventana apaga una de las veladoras que iluminaba la guadaña sostenida por el brazo de la calavera.

Y Xavier logra pararse con lentitud, se duele del costado derecho; avanza hasta el altar y toma el sobre que está en la esquina, cerca de la veladora apagada; camina hasta el lavabo, abre la llave: un sonido agudo y lejano se oye más cerca, como si en cualquier momento apareciera por la boca del tubo una serpiente con un cascabel. El agua tarda en caer; los primeros chorros son negruzcos, pero a pesar de ello Xavier pega sus labios al tubo oxidado. Bebe durante unos segundos, tose; los pequeños grumos de tierra raspan su garganta. Vuelve a toser y pone la carta en la esquina del lavabo. Enjuaga su cara y los labios; la sangre ya no sigue fluyendo de la frente. Aspira con fuerza: exhala. Sale del baño sosteniéndose de la pared; se desplaza lentamente hasta la silla y ocupa ese sitio.

—¿Tienes un poco de comida? —pregunta limpiándose la comisura de los labios con el dorso de la mano—. Amigo, ¿puedes darme comida?

El enfermero ignora la petición. Mantiene la vista en el suelo, sigue el vaivén de la escoba y tararea una tonada

–No hay nada. Si no te hubieras caído a lo mejor el pinche enano te daba su comida –lo señala con el dedo cubierto de plata–. No me digas amigo. Nunca. El comedor cierra temprano.

Xavier recuerda que había dejado la carta en el lavabo, se levanta y va hasta el baño. De lejos parece un viejo arruinado; un retortijón en el vientre le hace encorvarse. Mientras camina, los nombres de algunas personas se le van agolpando en la cabeza, pero no tiene ideas claras acerca del remitente de la misiva. Saca del sobre un par de hojas en blanco. Parpadea. No encuentra letras ni dibujos en las cuartillas color beige. Revisa con cuidado el reverso, no tiene nada. ¿Será una señal de Dios para que yo ponga mis propias palabras en las cartas? ¿Tal vez el enano las mandó para que yo le dijera qué veo? Regresa a su silla con displicencia, como si rumiara las ideas con los pies. Ve al enfermero con las hojas en la mano.

–¿Quién la trajo?

–La recibió mi compañero –responde con la mirada clavada en el suelo–. Se la dio un preso.

–¿Fue Jesús, el pequeño? –inquiere Xavier buscando la cara del enfermero.

El tipo se rasca la cabeza; se arranca la mitad de una costra que se encuentra en la parte superior del cráneo, donde apenas está creciendo el cabello.

–Te dije que no sé –responde y esboza una sonrisa perniciosa.

Levanta la escoba, deja un montón de basura en la entrada de la enfermería: cabellos, cucarachas muertas y la mitad del cadáver de un roedor.

En la ventana, un gato inspecciona la escena y, en cuanto el enfermero se aleja, salta para tomar las patas traseras del ratón.

Xavier, por un momento, tiene la seguridad de que las hojas fueron enviadas por Luis, como si fuera la última broma; pero no tendría sentido enviar papeles sin letras, sin contenido: documentos silenciosos.

El gato mastica los restos de su víctima, saborea el bocado. Una cucaracha aún sacude su cuerpo, quizá tiene la esperanza de voltearse y huir del montículo de polvo. El enfermero regresa con el recogedor en la mano y da un grito para espantar al felino que se aleja con la cola del ratón en el hocico.

—Ya tomaste agua, ¿no? —dice con prisa; recoge las cucarachas y los cabellos secos, empolvados, incluso los que acababa de tirar el gato mientras mordisqueaba el pellejo gris del roedor—. Creo que ya te debes largar.

—¿Puedo dormir aquí?

—¡Ni madres! —responde arrojando la basura en un cesto de plástico agrietado, por ahí se cuela la tierra. Y en la medida que avanza el enfermero va dejando un rastro de pelos grises sobre el suelo.

Xavier revisa nuevamente su carta, milímetro a milímetro, y cuando la luz cae sobre la primera de las hojas ve una huella, una pata de cabra, pero la imagen no es muy clara, hay líneas evocando la geometría de una pezuña. Pregunta con la vista fija en la caligrafía bestial:

—¿Y tú por qué estás aquí?

Antes de poner el recipiente de plástico en la esquina, el enfermero hace algunos gestos de fastidio, como diciendo que está harto de oír la misma pregunta.

—Me gustan los hospitales porque aquí hay miedo, soledad y muerte. La muerte, particularmente — responde; un destello abrillanta sus pupilas.

Sacude las manos y enfila rumbo al baño. Abre la llave del lavabo, el sonido atiplado de la tubería llena la habitación; la inunda mientras Xavier vuelve a poner los ojos en las hojas y descubre, con la ayuda del foco que pende del techo, más figuras. Nota que la caligrafía es temblorosa.

—Un preso —balbucea pensando en aquel dibujo que Jesús le mostró.

El enfermo regresa a la estancia; se quita la playera blanca, del mismo color del pantalón, pero éste tiene manchas de sangre en las perneras.

—Aquí no puedes estar.

—Quiero que me digas quién trajo la carta. ¿Quién la trajo?

Xavier se levanta de la silla, mantiene el semblante de anciano, se ve más débil, incluso pálido.

—No sé. Lárgate si no quieres que te parta la madre —levanta la voz y el brazo, parece habituado a ofender a sus pacientes.

Xavier camina directo a la salida de la enfermería; da media vuelta y advierte:

—Cuando caigas nadie vendrá a levantarte.

Avanza despacio. El hambre y la abstinencia de la droga le producen temblores. Los golpes en el cuerpo y el cansancio hacen estragos. Siente que la mano del enfermero le agarra el hombro y lo jala.

—¿Qué ladras, pendejo?

Xavier pretende soltarse, como lo hubiera hecho antes en un conato de pleito, pero su cuerpo no responde. Siente la respiración del enfermero entrándole al oído.

—¿Qué ladraste? —percibe los resoplidos de la voz, como si un toro estuviera provocándolo—. No te has dado cuenta, pendejo, aquí se hace lo que yo digo —la mano le sujeta el cuello—. Te sientes muy chingón, ¿verdad? En cuanto entres a la celda te van a coger. Están esperándote, ¿entiendes? Te van a meter por el culo todo lo que encuentren. Sería mejor que rezaras, pendejo. Sería bueno que aprendieras a respetar —libera el cuello.

Xavier cierra los ojos y presiona la carta con la mano. Piensa que la voz que acaba de oír es familiar, la misma que oyó en la patrulla. Abre los ojos, reta a su interlocutor con la mirada, quien se aleja haciendo resonar el tacón de las botas mineras. Por fin sale de la enfermería. Cruza el patio, el comedor; ve a uno de los guardias y se acerca para preguntarle:

—¿Dónde me toca?

El hombre no responde, señala la entrada de un pasillo largo, donde otro custodio contempla la luna enorme que hace su aparición en el atardecer color naranja.

—¿Qué celda me toca?

Xavier no recibe respuestas; nada más observa un tolete que apunta al centro del pasillo y asiente con la cabeza, aprieta su carta como si fuera un medallón para contrarrestar los sortilegios del enfermero. Y de entre la penumbra sale un gigante que avanza esquivando los focos del techo, evita romperlos con la frente. El pómulo izquierdo del enorme vigilante muestra una quemadura, parece que le adhirieron un parche de cuero negro; conquista el espacio por donde se mueve. Los brazos que cuelgan de los barrotes son de niños al compararlos con la estatura del guardia, el único que no lleva una porra en la mano, sino un fuste largo. El tipo camina con tranquilidad. Se detiene ante Xavier y ordena:

—Sígueme, flaco.

Regresan a la oscuridad. Xavier, tras él, observa las caras de los convictos; algunos se agarran el pene y balbucean:

—Aquí está la tuya. Al rato te vamos a caer. No te vayas tan lejos, de todas formas hoy te va tocar.

El suelo tiene manchas que podrían ser de sangre, pero la poca luz no permite verificar el origen de la sustancia viscosa que pisan los tenis de Xavier. El pasillo se hace más estrecho, oscuro también. Al fondo hay una reja abierta.

—Métete, flaco.

El guardia cierra la crujía, da media vuelta, con calma, como si fuera un auto de carrocería ancha. Se aleja parsimoniosamente.

Hay un camastro en la habitación, en él está recostado el enano y un tipo con una herida en la oreja.

Xavier se acomoda en el suelo, recarga su espalda con la pared fría y despintada.

—Así que nos sacamos la lotería. Ya viste, tronquito, nos tocó el gordo —dice exhalando el humo del cigarro sin filtro.

El enano dibuja sobre un trozo de papel grisáceo, parece que está poseído por el carbón que usa para delinear las patas delanteras de un animal con cabeza de león y cuerpo de carnero.

—Tronquito, dale chance aquí a tu amigo —agrega y escupe tabaco en la espalda del enano, pero él ni se inmuta, mantiene toda la atención en la bestia que va creando.

—Los pinches enanos son traidores, ya decía mi madre que son culeros, que nunca me confiara de ninguno porque en cualquier momento te meten un puñal.

Hay muy poca luz en el cuarto, pero eso no evita que Xavier extienda la hoja de papel y busque nuevamente la huella impresa; la pezuña se ve con mayor claridad, a pesar de la penumbra, incluso nota que la figura es mucho más clara, brillante.

—¿Tú me dejaste esto? —pregunta Xavier sacudiendo el papel.

—No te hagas el artista, pinche chaparro, no oyes que acá tu señor te habla —dice golpeando la cabeza del enano.

El golpe no evita que la mano regordeta siga dibujando con trazos firmes, enérgicos, los dientes del felino.

—¿Y usted es virgen del chiquito o está igual que este putote? —pregunta el hombre mientras acaricia la cabeza del enano, quien sigue ensimismado en el dibujo, parece que no siente la mano en la nuca.

—Nada más dime si fuiste tú —insiste Xavier y extiende las dos hojas de papel en el suelo, espera una respuesta.

El hombre se acaricia la herida, suelta un quejido y agrega:

—¿Entonces va querer o no?

—Dime, ¿por qué haces esto? Es por lo de tu hija, ¿por eso, Jesús?

El dibujo se interrumpe justo al final de la frase, el enano rompe el trozo de carbón con sus dedos regordetes.

—No hables de mi hija —amenaza enronqueciendo su voz y aprieta los dientes, sacude la cabeza de un lado a otro—. No hables de lo único que valió la pena. No tengo hojas. ¿Por qué te las mandaría? No te metas conmigo, te lo advierto —dice levantando su puño pequeño.

El hombre se palpa el oído con la punta del dedo, como reconociendo su anatomía golpeada.

Xavier siente una punzada en el costado derecho, pone su mano en esa parte, una corriente de calor le recorre los labios, un líquido que no se materializa. El dolor es fuerte. Tose. Cae.

El enano ve a Xavier estrellarse contra el suelo. No lo ayuda. Se levanta del camastro y observa el cuerpo, la posición de las manos, los gestos de dolor; en seguida toma el carbón e inicia un boceto en el papel estraza: Xavier es completamente delineado en posición fetal y con la boca abierta, emite un quejido.

El hombre ve la escena desde el camastro, sigue con el dedo en el oído, no se interesa por las convulsiones de Xavier ni por la forma en que entorna los ojos el enano al momento de trazar los hombros, el cuello, el rostro y la cruz de la frente.

Xavier fija la vista en el enano, como pidiéndole que lo ayude, que le dé algo para el dolor; pero no logra articular palabras, sólo gruñe. El costillar sangra; la playera se humedece.

El enano detiene los trazos y ve con terror que Xavier se desnuda el torso, muestra una herida, se ve limpia y fina, como un lancetazo. Y el hombre deja de tocar su oído, levanta los hombros para enfatizar la incredulidad de lo que presencia. El miedo, tal vez, fue lo que hizo que el enano gritara golpeando los barrotes mientras Xavier cerraba los ojos, dejaba de sacudirse, manchaba las hojas con su sangre.

La noche profunda se instala en la cárcel. Algunos presos duermen; otros fingen que duermen, pero sus pensamientos son nocturnos, sueñan escenarios de infancia. En el pasillo ya no se escuchan los gritos del enano; nada más el silencio que se rompe a veces por los ronquidos de los convictos.

El frío hace temblar a Xavier. Siente que alguien le jala un pie; abre los ojos poco a poco. Ve a sus compañeros de crujía dormidos en la cama, abrazados como huérfanos. Observa de reojo los barrotes, tiene la impresión de que hay alguien ahí; se acerca gateando, pero no distingue nada. Escucha pasos y espera ver al guardia, pero el sonido de los tacones se suspende. Coloca su oreja entre dos barrotes para oír algo más. Mantiene la expectación por un sonido: percibe el resuello de un hombre que sonríe, calladamente sonríe, frente a él. Esa mirada lo desnuda, anima todo el miedo que Xavier lleva dentro.

—¿Qué quieres? —suplica Xavier retrocediendo.

La sonrisa es sardónica, se mantiene gélida, inalterable. Del rostro sólo se mueven las cejas delineadas, negras. Los ojos enfocan las hojas manchadas de sangre. Xavier tiembla. No había nacido tanto temor en él, tanta presión, sobre todo de alguien que no habla, que se limita a congelar el alma con la mirada.

—¿Quién eres? —insiste con la voz nerviosa, débil; tose. La punzada en el costado derecho de nuevo ataca, aunque esta vez el dolor es soportable—. ¿Quién eres?

El hombre permanece en silencio. Viste una camiseta blanca sin mangas; mantiene los brazos pegados al cuerpo. Lo más notorio de él es la burla en la expresión del rostro. Asciende y desciende lentamente. No se le ven las piernas. Resuella.

Xavier parpadea con insistencia, intenta borrar la imagen de ese hombre que lo observa. Una mano toca sus pies. Tiembla. Aprieta los labios para callar el grito.

—¿Qué tienes?

Xavier descubre al enano junto a él. Sacude la cabeza. Permanece unos minutos en silencio. Solloza. El hombre que estaba tras los barrotes se ha esfumado.

—¿Estás bien?

—¿Para qué esto, Señor? Yo no tengo fuerza —suplica juntando sus manos.

—Te ves cansado.

Xavier busca su carta, sabe que está en el suelo.

—¿Dónde están mis hojas? ¿Tú las agarraste?

El enano levanta su brazo, como si quisiera alcanzar el techo: las hojas están allá arriba, se ve una pezuña y el nombre de Xavier escrito con una caligrafía muy firme, delgada y puntiaguda; la tinta es brillante.

Xavier baja la cabeza y con la quijada temblorosa dice:

—Tú habitas en mí, Señor.

La frase es interrumpida por el llanto.

El enano fija la mirada en las hojas.

—No tengo miedo. Puedo con esto. No tengo miedo —repite Xavier.

El hombre de la herida en la oreja se cubre la cara con una de las cobijas parchadas.

Duerme.

El taconeo de unos zapatos se acerca a la celda cuando la voz de Xavier, forzada y nerviosa, suplica:

—Señor, escucha mi apelación, atiende mi súplica. Sondea mi corazón, aunque me pruebes al fuego.

El anochecer crece sobre el pasillo. Los tacones hacen una pausa. Se alejan. Queda el eco de los pasos y la noche profunda.

IX

Golpean a media noche la puerta. Catalina piensa que se trata de Francisco.

—¡Ya voy! —grita. Se suelta el pelo; la cola de caballo pierde forma—. ¡Espérame, no tardo! —anuncia y se coloca sus sandalias, calzado adecuado para recibir a su prospecto de marido. Apaga la estufa; había calentado un poco de agua en un pocillo de aluminio para su té de manzanilla. Antes de dormir, toma un poco de esta infusión que le facilita el sueño y el relajamiento nocturno.

Esta vez los golpes en la puerta son mucho más fuertes.

—¡Voy! —dice.

Quita el seguro, la llave y abre de par en par su casa.

—Es que no te puedes esperar —reprocha, pero al ver la cara de su vecino pierde su sonrisa y agrega: —¿Qué pasó?

—Es que nos quedamos sin gas, ¿puede hacernos el favor de calentar esta carne porque se nos va a echar a perder? —muestra una porción sanguinolenta de algo que parece un kilo de bistec.

—Pásale.

El anciano, antes de cruzar el umbral, escupe una porción del tabaco que mastica. Catalina enciende la parrilla de la estufa, coloca una sartén encima y deposita el agua hirviente del pocillo en una taza. Antes de que sirva las bolsitas de té, el anciano toma ese recipiente.

—¡Qué bonita! —comenta destacando los muñecos de nieve estampados en la taza. Y súbitamente arroja el agua al rostro de Catalina; quita la sartén del fuego y golpea en varias ocasiones la cabeza de la mujer.

—Eres una puta. Con cualquier pinche taxista te andas acostando, cabrona —grita.

Sus movimientos son rápidos; algo de jovialidad aparece en el rostro del viejo cuando nota que Catalina ha perdido la conciencia, muestra las huellas del ataque en las mejillas. Se dirige a la puerta principal; observa el panorama y chifla. Tres hombres, ocultos tras una gran roca, se acercan.

—Ya está bien dormida —dice extendiendo la mano—. Quiero mi parte y lo de mi carne, porque ya se echó a perder.

El más joven de los intrusos entrega cinco monedas al viejo.

—Apaguen la estufa. No les vaya a dar un susto la flama —afirma al salir del departamento.

Colocan a Catalina, boca abajo, encima de la mesa y levantan la bata de esta mujer, las nalgas quedan expuestas.

El más joven toma el cuchillo del trastero; no es muy filoso ni nuevo. Tiene la mirada estrábica.

—Tú —ordena apretando el mango del arma—. Apúrate.

El gordo pone su muleta en una de las dos sillas de la mesa. Baja el zíper de su pantalón y acaricia la espalda de Catalina. Junto a él, un joven de piel muy blanca observa las embestidas; se masturba con la escena. Acaban muy pronto. El gordo toma la muleta y el más joven levanta el cabello que cae sobre el rostro de Catalina. Coloca la punta del arma en el cuello y hunde poco a poco el acero en la carne. La sangre se derrama sobre la mesa, escurre por toda la superficie de madera. Mancha el piso.

Los tres salen del departamento. Caminan por la terracería, despacio, al ritmo del gordo. El más joven silba una canción infantil. El de piel blanca piensa en el rostro golpeado de Catalina. Se pierden en la oscuridad de la noche.

X

Sabe que no tiene motivos para callarse, por eso empieza a gritar que el Señor es un asunto de muchísimas personas, que todo en el mundo está por orden y decisión de Él.

Hasta los guardias comienzan a reírse de Xavier, pero eso no lo debilita, de cualquier manera vocifera:

—Yo soy, hermanos, el intermediario. Dios me escogió para anunciarlo, para decirles que sólo quienes estén de mi lado podrán salvarse.

—¡Cállate, pendejo! ¡Cállate! ¿Quieres que te rompa la madre si sigues con esas chingaderas? —grita un negro, corpulento y alto, de más de un metro noventa centímetros de altura, que avanza con dificultad; tiene una pierna más delgada y más corta que la otra.

—Cuando alguien maligno sale, siempre andará por lugares áridos, buscando a quien destruirle su descanso —grita Xavier haciendo con las manos una especie de altavoz—. Deben escuchar porque no tenemos tiempo.

Un balón de futbol da en la cabeza de Xavier; la fuerza del golpe lo hace caer, pero mantiene su discurso, a pesar de las carcajadas de los reclusos el tono de la arenga no decae.

—No podemos seguir haciendo tanto daño, no es posible que nos llenemos de odio, que no se apague nunca.

Decenas de hombres chiflan cuando Xavier, tras intentar subirse a un muro pequeño, pierde el equilibrio y cae de espalda; recobra el aplomo cuando un enano, salido de entre las piernas de los presidiarios más altos, intenta levantarlo. La burla de los espectadores aumenta con su estridencia el escarnio.

Un guardia ve con curiosidad, desde la entrada al patio, cómo un hombre delgado con orificios en las manos y una cruz en la frente recibe ayuda de un enano, cuya piel blancuzca, como la de un ratón, hace un contraste con la sangre que comienza a escurrir del tipo que ahora se hinca y besa la mano del pequeño, del único que no lograría levantarlo, pero lo intenta. Y el guardia dice a su compañero que hay un herido, que vayan por él.

—Gracias —dice Xavier parpadeando, aturdido aún por el golpe contra el suelo—. Gracias, de verdad, ¿cómo te llamas?

El enano entreabre su labio leporino y suelta con suavidad extrema una palabra:

—Jesús.

—Vaya. Jesús como el maestro, ¿verdad?

—No maestro ni nada. Dibujante, eso sí.

Xavier ve de pies a cabeza al pequeño y comprende que un tipo así es también la imagen de Dios, pero no entiende por qué una criatura de ese tamaño está en la cárcel, por eso pregunta:

—¿Y por qué estás aquí?

—Por lo mismo que tú —guarda silencio y agrega—: yo te he visto en el periódico. Tengo fe. Es todo lo que me queda. Cuando entraste a la cárcel me di

53

cuenta que el Señor nos puso aquí, en este lugar por algo. Yo no sé nada. No sé nada.

Xavier está confundido, no sabe cómo reaccionar ante lo que acaba de oír, tal vez por eso sonríe, hace tiempo que no muestra sus dientes sarrosos de esa forma, con tanta alegría.

—¿Por qué crees que el Señor está por venir, Jesús? Dime, a lo mejor tú sabes más cosas.

—Pues nada más lo sé, así de simple, lo creo y con eso basta.

Dos hombres rapados, con ojeras evidentes, arrancan a Xavier de su sitio y lo llevan a la enfermería.

Hay un altar repleto de velas, presidido por la imagen de un esqueleto con una guadaña en la mano; a un lado de las veladoras se encuentran joyas, comida y un mechón de cabellos, rizos largos y delgados, como los de un niño, también un fajo de billetes muy bien amarrado con un listón rojo. Al extremo derecho del retablo se ubican una jarra con agua y un vaso de cristal lleno de vino tinto. El resto de la sala tiene manchones de pintura blanca, sucia, más próxima al gris; tres sillas de lámina, una mesa pequeña y un botiquín sin puerta ni medicamentos son el equipamiento de esta zona destinada a procurar la salud de los internos.

—Una vez me dieron una golpiza, así como lo oyes, me dejaron peor que a ti; me hicieron una rajada en la cabeza, del tamaño de un lápiz; estaba muy mal, no con los pocitos que tú traes —dice uno de los rapados, el más delgado, quien limpia los estigmas de

Xavier con una franela rota, mugrosa–. Estaba muy mal; mi cuate me llevó a su casa para darme una alivianada, un toque pues y ahí se me apareció esta Flaquita. Vieras que salí bien de todo; luego regresé y les puse en su madre a los culeros que me putearon, ¿cómo ves?

–Deberías... –intenta responder Xavier, pero el otro paramédico le advierte:

–No están hablando contigo, pendejo. ¿Oíste? No están hablando contigo –mira a su compañero de reojo–. Este culero piensa que porque todos le hacen caso tiene derecho a meterse en todo.

El enano presencia, desde la entrada de la enfermería, la escena; se muerde las yemas de los dedos, ha perdido gran parte de las uñas, más de la mitad.

–Así que por la Flaquita me dejaron en paz –comenta el rapado mientras presiona con fuerza el estigma en la mano de Xavier–. Deberías probar, nada más hay que tener güevos, con eso se arma este pedo, ¿no?

Xavier ni se inmuta por el pellizco que acaba de recibir; sale de la enfermería en silencio, con el cansancio en el cuerpo, como si esperara recibir un golpe.

El enano sigue a Xavier, pero sin verlo, mantiene la atención en los trozos de piel que se arranca del pulgar, parece que va cortando los bordes de una rama. Avanzan hasta el patio y se acomodan cerca de un árbol seco, cuyas raíces parecen garras.

–¿Qué sentiste cuando te aparecieron estas cosas? –el enano señala los orificios de las manos, no superiores a los tres centímetros de diámetro.

—Días antes de que aparecieran no me dejaban las visiones. Me sentí ansioso, como si en el pecho todo fuera a reventar. Sentía calor aquí —toca con el anular su estigma de la diestra—, luego dolor. Dolor. Pensé que me había enterrado algo, agujas o un pedazo de vidrio. La molestia no paraba y me perdí. Me perdí, Jesús, no supe qué pasó. Ahí estuve muchas horas, tirado en mi cuarto, oyendo voces y lamentos.

En la mente de Xavier se hace presente el mal que llenó su cuerpo en ese instante, incluso pensó que se estaba quemando. Y perdió el conocimiento, sólo escuchó que alguien le pedía que se levantara, que dijera todo lo bueno que eran con él las voces.

—¿Y qué pasó? —pregunta el enano.

Las raíces del árbol seco parecen incendiarse con la luz del sol; se ven como la ceniza.

—Cuando abrí los ojos había sangre en la palma de mis manos, estaban los orificios, luego sentí que algo caía por mi nariz y supe que no podía ser sudor ni agua. Salí de mi cuarto. Caminé por días y por noches. Busqué al Luis, a la Karla, para ver lo del asalto a la joyería, porque nos íbamos a rayar, pero me arrepentí. Desde ese día cambié, mi lengua está suelta, mi cuerpo no es igual. Pasan cosas raras. Pero esa noche, no sé cómo ni por qué, pude hablar con los perros. Tuve la seguridad de que todo el mundo me entendía. Y desde ahí las palabras salen, explotan solas.

—Yo vi lo de los perros en la tele; saliste en las noticias. Pensé que eso era algo especial. Hice dibujos de eso, mira.

Saca del bolsillo del pantalón un trozo de papel doblado, en éste se ve un hombre sin cabeza, rodeado por decenas de perros, en la calle. Hay pájaros en el cielo. Aves negras hechas con carbón, como el resto del boceto.

—¿Y por qué estoy sin cabeza, Jesús?

—No sé, de verdad no sé. ¿Qué ves en los perros? ¿Por qué robaste la carne y se las diste? ¿Qué fue lo que te dijeron?

El viento arrebata el dibujo de la mano de Xavier; en seguida cae uno de los tableros viejos de la cancha de basquetbol. Los guardias, tras el escándalo, buscan con la mirada al culpable; sujetan al reo que tienen más cerca; lo derriban a golpes mientras el enano corre por el papel y lo deposita en el bolsillo del pantalón. Regresa con la mirada fija en el suelo.

Xavier observa el árbol seco, las botas magullando la cara del reo y dice:

—En los ojos de los perros vi la muerte y sus candiles prendidos con todas esas luces que bajaban por nosotros; de sus ladridos, el crujido más fuerte de los huesos. El hambre, Jesús, vi el hambre también con todos los estragos en su rostro. Me sentí como ellos: pellejos y lágrimas, un corazón que no sirve de valle.

El enano abre la boca, se limpia la saliva con el dorso de la mano y se hinca.

—Podrías confesarme, por favor —pide entornando los ojos, agrandándolos, con la intención de que Xavier vea su reflejo en la negrura de la pupila y baje la vista, acepta la propuesta—. Por favor, confiésame

—deja la boca abierta; de ella emana un olor a carne podrida—. Por favor.

Xavier se retira un poco del enano, no soporta la pestilencia, afirma con la cabeza y dice:

—Te escucho.

—Maté a mi hija sin saberlo. Llegué muy borracho y quise bañarla. No supe cómo. Me fui y se me olvidó. No supe cómo, pero cuando abrí los ojos ella estaba flotando en la tina. Soy malo, ¿verdad?

—Sólo el Señor juzga. Nosotros apenas somos el intento de un misterio —responde Xavier apretando los dientes; los orificios nasales se abren y cierran.

El sol crea un destello en los ojos del enano, quien parece del mismo material que las raíces del árbol seco.

—¡Yo vi eso en mi hija! Los perros y el hambre. Vi eso en mi hija cuando estaba muerta —grita y se cubre la cara con las manos, pero éstas no abarcan la totalidad del rostro; escurren gotas entre los dedos regordetes.

Xavier trata de acercarse al enano, de abrazarlo, pero éste no se lo permite; lo empuja, no parece un hombre pequeño, su ataque es rabioso. Y el más alto de los dos se golpea la cabeza con el suelo, pierde la conciencia. Los guardias ríen. Las carcajadas engrandecen al enano, que se cubre los oídos con las manos y escupe a Xavier; se mezcla con los reclusos, es un grano de arena uniéndose al desierto.

XI

• *Usa la cadena que aseguraba la puerta*

Mata a sus dos hijos con cadenas; le decían que las gallinas hablaban

Rafael Solana.
De acuerdo con la declaración del asesino, Jacinto Adriano, los niños se merecían el castigo porque habían quemado a dos gallinas vivas, por eso Adriano decidió golpearlos con una cadena. "Andaban chingando con que los animalitos hablaban y hasta me dijeron que las gallinas les habían pedido un favor. Mire, no se vaya a reír, pero los cabroncitos estos dijeron que iban a quemar a los pajaritos y pues yo les advertí que les iba dar un escarmiento si lo hacían", declaró.

"No quería hacerlo, de veras, pero ellos empezaron a decir que yo me acostaba con su prima. Y decían que las gallinas les habían dicho eso, y que también les metía cosas a los animalitos, pero cómo va creer, si ni que estuviera urgido. Si mi sobrina tiene siete años, pero ni modo que yo anduviera metiéndole mano", agregó.

El homicida fue detenido en el puente de la calle Aldama, amenazó con suicidarse si no se presentaba el párroco, pero al final se entregó, no hizo falta que lo confesara un sacerdote.

El reportero relee el borrador de su nota y piensa que no debe poner todo lo ocurrido, todo lo que fue descubriendo en la casa de Adriano. No quiere decir que el hombre pareciera haber salido de un pantano, olía como a huevo podrido, tampoco se arriesga a publicar que los niños, según los vecinos del lugar, amarraron a las gallinas y antes de que las quemaran estuvieron metiéndoles palos en los picos para que dejaran de insultarlos y las aves sangraron antes de sentir el fuego.

La mente del reportero es un manojo de dudas; así lo demuestra la redacción y el cuerpo de la nota informativa. Las declaraciones son absurdas, inhumanas si se quiere, poco verosímiles. Nadie puede matar a sus hijos de esa forma, piensa, y menos decir que se lo merecían.

Detiene sus pensamientos y recuerda a Xavier, quien había dicho que pronto vendría el Señor, que no faltaba mucho. Se persigna, es la tercera vez en el día, luego ve las letras en la pantalla y se imagina los estertores de los niños, los gritos, los reiterados golpes, la violencia del padre. Retira las manos del teclado, se aleja de la computadora, parpadea y considera la posibilidad de cambiar de fuente, no quiere saber de más crímenes. Una llamada telefónica interrumpe su divagación.

—¿Dónde? Sí, sí me interesa. Voy para allá.

Cuelga y se persigna. Si fuera una persona menos insegura reconocería el temor que siente al confirmar el incremento de la violencia, al ver lo absurdo de tanta muerte. Sacude la cabeza, es lo único que puede hacer para aceptar lo que acaban de informarle. Toma el auricular y presiona dos botones.

—Háblale al fotógrafo, Juan, dile que vamos por el cadáver de una mujer, que se comunique conmigo.

Se levanta del escritorio, mira la foto de Xavier que fue publicada en el diario. El Señor, dice, para mí que ya no se acuerda de nosotros. Sale de la oficina, tiene muy claro qué deberá preguntarle a los familiares, ¿cómo era ella? ¿Por qué creen que su prometido le arrojó agua caliente en la cara? ¿Por qué le cortó el cuello? Coloca un casete nuevo en la grabadora. Gira la perilla de la puerta y se persigna de nueva cuenta.

Ya con el Jeep en marcha sus pensamientos recurren a las declaraciones de Xavier, a los sucesos recientes y algo indica que en vez de acelerar el auto debe apresurar sus ideas y buscarle un enfoque especial al asesinato de esta mujer; le interesa relacionar los homicidios recientes (cuatro en una semana: dos mujeres y dos niños), dar un panorama de la violencia, pero no sabe cómo, intuye que hará un reportaje en el que se recopile la voz de los ciudadanos, la de los servidores públicos, la del clero. Todos deben opinar, incluso los otros reporteros, los de televisión, los de radio. Imagina que gracias a su sagacidad recibe halagos de los pobladores, llenan su nombre de fama y justo cuando el presidente municipal le da las llaves de la ciudad un hombre cruza la calle. El reportero no logra esquivarlo. Los aplausos se trasforman en el rechinido de las llantas. El cadáver está boca abajo y el color de las ropas que viste hace juego con la sangre. Los testigos se acercan para ver si conocen al caído, para saciar su curiosidad.

Tarda en bajar del Jeep, no acaba de entender qué ocurre; se le ve nervioso, pálido.

—Es el que acaba de asaltar la tienda —dice una mujer delgada, con un tic nervioso en el ojo derecho.

—No, creo que no es —comenta un hombre con sombrero, interesado en ver el rostro del caído—. Mejor hay que voltearlo para revisarlo bien.

El reportero permanece callado, suda profusamente. No emite ningún ruido, trata de prender un cigarro, pero debido al temblor en sus manos no tiene fortuna, falla en tres ocasiones. Desiste cuando los testigos se le acercan, como si fueran zombis que quisieran despedazarlo.

—Por qué no se va y nosotros arreglamos esto, joven —sugiere la mujer incrementando el parpadeo.

—¿Cómo? —dice el reportero.

—Mire, nosotros lo reportamos; ya cuando venga una patrulla decimos que estaba ahí tirado. No tiene caso que usted se comprometa.

En la calle no hay más autos; ruidos de otros motores se escuchan lejanos. La máquina de una tortillería emite rechinidos, aunque parece que esa fricción de engranes viene de las bocas de los curiosos, quienes ven minuciosamente al muerto.

—¿Qué? —pregunta el reportero para tratar de entender la proposición, luego mira con detenimiento a las personas que lo rodean—. ¿Seguro que está bien?

La mujer le hace señas para que suba al auto y se vaya, mueve la cabeza imitando el movimiento de los pájaros, con lentitud.

El resto de las personas quita al caído del camino para que el Jeep avance despacio.

En el espejo retrovisor se ve un grupo de personas que desnudan el cadáver. La mujer levanta el brazo; lo mueve de un lado a otro, como si fuera un martillo, sonríe mostrando los dientes rotos. El reportero parpadea, trata de entender lo que ocurre, la imagen que acaba de ver lo confunde. El teléfono celular suena.

—¿Dónde estás? Voy por ti. Estoy muy cerca.

Un hombre calvo sube al Jeep y acomoda su mochila encima de las piernas.

—¿Cuántos llevas hoy? —pregunta encendiendo un cigarro sin filtro.

—Un tipo que mató a sus hijos y la chava de ahorita. ¿Tú? —inquiere el reportero.

—Varios, son bastantes fotos de muertos. Vamos a llenar de sangre el periódico. ¿Por qué no haces un reportaje de todos en lugar de andar haciendo notitas?

—Ya lo pensé, pero es una racha, la gente se ve bien, bastante bien, ahorita platiqué con unos vecinos, dicen que nunca se habían sentido tan a gusto.

El reportero mete segunda. Ve los techos de algunas casas, las varillas salientes le parecen colmillos.

El calvo exhala el humo mientras enciende el radio del automóvil; no encuentra muchas opciones para entretenerse: cumbias, boleros y consejos de belleza. Mueve el dial y lo deja en una estación donde la voz del locutor anuncia que la temperatura ambiente es de treinta y cinco grados centígrados.

—¿Oíste? A lo mejor por el calor que hace se está alocando la gente —lo ve con el cigarro en la boca, saca el humo por las fosas nasales—. ¿Por qué vamos tan despacio?

El reportero mantiene la vista al frente, sigue observado las casas, el campanario de la iglesia, el cual tiene forma de cráneo, y contesta:

—No quiero atropellar a nadie. No quiero ver más muertos.

—Hoy te levantaste de malas. ¡Chingá! —tira la ceniza por la ventanilla—. Se me hace que el mundo está enloqueciendo.

—Es verdad. El mundo está enloqueciendo.

Dos perros que corretean a un gato cojo rebasan al Jeep; lo atrapan y comienzan a morderlo. Se escuchan los maullidos. El reportero ve a los animales; encuentra en ellos el mismo semblante que tenían los testigos del accidente. Presiona el acelerador: las bestias se quedan atrás.

XII

Nunca, en cinco años, había decidido moverse de la esquina. Ahí pacta el precio con los clientes y los pasa con rapidez a un cuarto. Carmen sale de su rumbo al momento de tomar la mano de un joven tembloroso, calvo y delgado, quien lo lleva en taxi a un motel, cerca de un lote baldío. Es la primera vez que siente pena por su cuerpo: no quiere desnudarse, sólo se levanta el vestido. Al momento en que la lengua del joven conoce los contornos arrugados del pene, oculto bajo la faldita de Carmen, sonríe complacido y dice:

—Es como imaginaba.

Carmen intuye una decepción profunda de su cliente, quien eyacula rapidísimo.

—Es que ya no aguantaba —confiesa el joven, menos tembloroso, sonriente.

—Voltéate —ordena Carmen escupiéndose la punta del glande.

El joven se deshace con mucha facilidad del pantalón y se recuesta en la cama: arquea la espalda; expone las nalgas. Y Carmen se da cuenta de que su condición física ha menguado cuando intenta arremeter con furia. Ni siquiera mantiene el ritmo de penetración. Usa los dedos para dar placer al joven, quien grita cerrando los ojos:

—Más, papá, más.

65

Carmen, exhausto y hambriento, se acuesta en el borde de la cama: pronto se duerme profundamente.

Abre los ojos para descubrirse abandonado. No hay dinero sobre la cama, ni en el baño pequeñísimo. Se pone en pie con la mirada fija en el suelo.

—¡Chingada madre! —maldice abriendo la llave del lavabo: calma la sed.

En su bolso aún está el cepillo con las cerdas abiertas y un lápiz labial agrietado. Se ajusta el vestido; con la mano hace una ondulación al cabello lacio, blanco en su mayoría, pero largo aún, fuerte. El toque final es pintarse de rojo los labios.

Escalón tras escalón, desciende con las zapatillas bien puestas. Los tobillos, polvorientos y delgados, llevan las cicatrices del calzado anterior, unos botines estrechos, duros, que hacían sudar los pies. Y ahora, con las zapatillas negras, Carmen vuelve a la calle, ante un paisaje que le parece novedoso. Cantinas escandalosas, pero sin clientes, invitan a beber. Da un recorrido con la vaga idea de sacar algo de dinero para el desayuno. Levanta un cigarro a la mitad, sin filtro, aún encendido, que de milagro no pisó una mujer delgada, completamente borracha que se agarra de un poste. Chupa el tabaco; luego expulsa el humo por las fosas nasales. Piensa que tal vez debería regresar a su esquina. No, corrige, mejor al cuarto. La opción es una cama; el problema, está lejos de casa. Sin dinero, lo más sencillo es que alguien le dé un aventón. Y levanta su brazo al ver los autos, pero nadie se ofrece a transportar un anciano. Se muda de ese sitio; al sentirse observado por las mujeres de las cantinas, camina rumbo a la avenida. Las piernas delgadas parecen cerillos, contrastan con el vestido color vino.

Al pasar frente a una tienda se le ocurre robar un paquete de pan, con eso tendría la fuerza suficiente para llegar caminado a casa. Se recarga en la pared fingiendo que busca su monedero en el bolso sucio. Hay gente cerca de la tienda: una mujer con un tic nervioso en el ojo y un hombre con sombrero barriendo la calle. Calcula la distancia que hay desde la tienda hasta la avenida y se siente con la energía suficiente para escapar. En la tienda un par de niños compran chicles: huyen de inmediato. Carmen observa el panqué con pasas; las donas espolvoreadas. Siente la mirada del tendero en cada movimiento.

—¿Qué busca?

Carmen finge que no escucha y mantiene la vista en el panqué; lo toma y sale corriendo. Las zapatillas no ayudan mucho al escape; el vestido es corto y permite un rango amplio de movimiento en el trote. El corazón bombea sangre de golpe, como si pidiera una explicación al ejercicio repentino.

El tendero, un hombre de mostacho, con problemas en la pierna izquierda, grita tras el mostrador:

—¡Agárrenlo! ¡Se lleva mi mercancía!

Cojeando abandona el mostrador, llega sudoroso al umbral de la tienda. Y comienza una persecución por la calle, increpa:

—¡Ratero, maldito ratero!

Carmen imprime mayor velocidad en sus pasos; su respiración es un fuelle arrítmico. Aprieta el empaque del pan con la mano derecha, gira la cabeza para ver la distancia que le aventaja a su perseguidor. Cruza la avenida, entonces, el rechinido de los neumáticos es implacable.

El tendero detiene la marcha. Balbucea enjugándose el rostro con el mandil:

—Por mierda —da media vuelta—. ¡Mierda!

Regresa con tranquilidad al mostrador.

XIII

Los cuatro hombres, recargados en la pared, intercambian miradas ofensivas mientras el volumen de sus risas alcanza niveles escandalosos; pero ni siquiera las burlas evitan que Xavier, ninguneado por ladrones, continúe su alocución.

—Un hombre me dijo al oído que faltaba muy poco. Impostergable. Dijo que estuviera preparado, que yo, a pesar de mí mismo, tenía la palabra de Dios escrita en mi cuerpo.

Un tipo corpulento, cuyo corte de pelo marcial hace más notoria la cicatriz de la frente, línea que divide la ceja izquierda, alza su voz para replicar:

—¿Prepararnos para qué? ¿Con quién, pinche loco? Tú eres el pendejo ese que andaba buscando gente para asaltar la joyería. No te hagas el santo, hijo de la chingada.

Un joven ojeroso, con el pelo hasta los hombros, ve con seriedad absoluta el rostro de Xavier; nota que tiene una cruz en la frente, deformada por el grosor de las costras.

—Dijo que la oscuridad está muy cerca. Necesitamos al Señor, su visita. Y el hombre del hueco en el pecho habla de los no vivos y de los no muertos.

—¿Qué señor? ¿Qué vergas de Señor? —interrumpe aquel corpulento mirando al más joven de los presos, un muchacho delgado, de movimientos nerviosos, quien oculta su ojo amoratado con la diestra enconchada.

—El Señor es el Señor y el hombre del hueco en el pecho nunca me ha dicho quién es.

Las carcajadas de los otros no tardan en denigrarlo nuevamente.

El joven se pone en pie; observa con malicia, como si buscara los puntos débiles de Xavier, como si estuviera recordando furias anteriores.

—Ya sé quién eres —aprieta la mandíbula—. Tú me quitaste los tenis que traes puestos, culero. No digas mamadas —afirma abriendo los ojos, como si fueran flamas encendidas; la inflamación del párpado es ostentosa.

Xavier da un paso atrás cuando la luz que se filtra por la ventana ilumina el rostro del joven, las ojeras de éste. Recuerda al chico que jugaba futbol en el basurero, también las palabras de aquella tarde:

—¡Túmbate los tenis! ¿Quieres tener esta botella en el culo? Ándale, túmbatelos.

El joven no se acerca más, ve con cierta complicidad a sus compañeros de celda.

—Te dije, puto: 'Tarde que temprano te voy a encontrar' —amenaza.

El corpulento ataca primero; patea la rodilla de Xavier, quien cae golpeándose la cabeza con los barrotes.

—Me ibas a meter la botella, ¿no? ¡Jotito!

Xavier siente que le quitan los pantalones; los tenis. Trata de evitar el saqueo, pero son insuficientes los manotazos.

El corpulento baja su zíper y un chorro de orín humedece la cara de Xavier; los labios. Y Xavier recuerda el olor de aquella ocasión, cuando apareció por primera vez el hombre del hueco en el pecho. De noche, entre las cuatro paredes del cuarto, escuchó los pasos, los golpes en la puerta: había un hombre con el pecho perforado, un orificio del tamaño de un puño, tenía en los ojos el brillo de un televisor que se apaga. Musitó:

—He venido de recorrer el mundo, ¿no me reconoces?

El aliento del hombre perfumó la habitación a vinagre. Xavier sintió en los labios el mismo sabor que ahora le moja la boca, pero esa ocasión sólo movió la cabeza y respondió:

—Sé que vienes por mí, pero no sé quién eres.

—Soy quien te llama, quien te viene a buscar.

Xavier se cubrió la cara con las manos antes de responder:

—Señor, mírame; sabes de mi debilidad, que me tiene al margen de tu camino.

Y estas palabras se repiten cuando el hombre corpulento levanta de los cabellos a Xavier; acerca la cabeza al pene y antes de que haga contacto descubre cómo sangra la cruz de la frente.

Los presos se detienen; atónitos observan cómo bulle la sangre por la nariz, cae hasta la boca.

El celador golpea con el tolete los barrotes de la celda.

—¡Ya, cabrones! lo van a tronar —dice.

El corpulento suelta los cabellos de Xavier; el golpe contra el suelo es contundente.

71

El guardia sonríe al ver el cuerpo derrumbado. Hace una seña con la mano para que un hombre de barriga sobresaliente y anteojos gruesos, que acentuaban su aspecto de topo, se acerque con torpeza a la celda; hay temor en la mirada.

—Pásale, Solana, pásale que ya está más calmado el fulano —ordena el guardia con cinismo—. Ya está calientito el cabrón, no se va poner pesado. Acércate, chingá. ¡Pareces nuevo! —lanza un escupitajo.

Los ojos rasgados del reportero obeso parpadean con insistencia, como si trataran de fotografiar las caras de los detenidos.

—Desata, Señor, mi cobardía para que ante el mundo te proclame —musita Xavier.

—No le hagas tanto caso, Solana, este loco no sabe ni madres —agrega el guardia mientras abre la puerta de la celda.

El reportero saca una grabadora del bolsillo del pantalón, tose un par de veces, supone que gracias a ese detalle la charla será más cordial, aunque incómoda por los testigos.

—Paren al loco —ordena el guardia.

Los hombres, el corpulento y el joven, ponen en pie a Xavier y el reportero ve con claridad su objetivo.

—¿Cómo se llama? —pregunta acomodándose los anteojos en la nariz.

—Xavier.

—¿A secas?

—Sí. Nada más.

Los ojos del reportero parecen moscas planeando sobre un trasto sucio.

—¿Por qué robó la carne para dársela a los perros? —inicia la charla con la grabadora cerca de su boca.

—No sé. Por hambre, por el amor a la carne muerta.

El entrevistado responde despacio, muy al estilo de los borrachos que no saben cómo ocultar los golpes del alcohol en la lengua.

—Sentí que algo muy fuerte me obligaba, algo que decía mi pecho; teníamos hambre y agarramos la carne. La carne es nuestra, es lo único de veras nuestro, como la muerte.

En la fotografía de un diario local, del lado derecho de la página que contiene las notas policiacas, se mostrará la sangre coagulada de la frente del autor intelectual del asalto. El reportero escribirá: "La sangre no dejaba de escurrir por la frente, por las palmas de las manos. Xavier no pudo explicar cómo fue que aparecieron los estigmas, tampoco supo cómo era la voz que le ordenaba meterse a la carnicería, ni de quién; el delincuente se limitó a responder que el Señor (sin precisar nombre) tiene muchas formas de manifestarse, tiene muchas formas de llamarnos, de pedirnos que hagamos algo para que Él se sienta menos enojado".

En otra parte de la entrevista, el reportero afirmará que Xavier es un heroinómano, un ratero, un vendedor de cocaína y mariguana. Mencionará que trabajó en varias ocasiones con Luis, asaltante de poca monta, drogadicto y pendenciero, a quien Xavier atribuyó poderes de médium. Ha estado en varias sesiones y lo considera un oráculo.

"La única relación de Xavier con la iglesia fue en su adolescencia, fungió como monaguillo espontáneo y se robó la urna en la cual se guardaba el ahorro para las fiestas guadalupanas. Días más tarde, el ladrón regresó a la iglesia, tenía la cara hinchada, incluso uno de los labios estaba parcialmente destrozado y afirmó que había sido castigado por un hombre con un hueco en el pecho", detallará Solana —tras capturar la breve declaración de un joven que afirmaba ser del mismo barrio que el autor del asalto en la carnicería— en la parte final de su texto. Y terminará con una pregunta:

—¿Cuál es el camino de la fe, Xavier?

—La fe es un asunto de opacidades, es la memoria del miedo, de la esperanza; con ella pueden leerse palabras grandes en el cuerpo de cada hombre.

No pondrá en su nota informativa que la cinta se detuvo inexplicablemente. El reportero cambió las baterías de la grabadora de mano, pero no fue posible continuar la charla; desconcertado se alejó de la crujía. El guardia vio a Xavier, como si todo lo que acabara de escuchar no pudiera salir de la boca de ese vago, recargado en la pared, con la mirada extraviada.

Y las manos de Xavier empezaron a sangrar; los hilos rojizos corrieron por los dedos, eran gusanos intentando salir de una manzana.

XIV

Karla no sabe cuánto tiempo ha dormido en las escaleras. Apoyando las manos en la pared, se levanta. Un trueno portentoso rompe la tranquilidad nocturna del hotel. Se aproxima, paso a paso, al cuarto número quince. Sólo ve sombras. Sus ojos blancos van de izquierda a derecha. El borde metálico del 1 junto al 5 es reconocido por sus manos; descendiendo la diestra descubre la perilla y abre la puerta.

—Luis, ¿qué pasa?

Baja de las zapatillas. Da un recorrido por la habitación, con los brazos extendidos, pretende reconfortarse con la respuesta de su hermano.

—Dime algo. ¡Contesta!

Toca el colchón; las cobijas y el buró. Si hubiera visto en la sábana una mancha de sangre, entendería todo.

—¿Manito?

Acaricia el pecho de Luis; sus dedos se humedecen del líquido rojo del cadáver; con índice y pulgar frota la sustancia espesa. Olfatea: el olor a óxido le hace pensar en terribles desenlaces. Retrocede.

—¡Responde, cabroncito!

Abandona el cuarto gimiendo, enfurecida. Baja las escaleras lo más rápido que puede: al salir del motel la lluvia humedece su cuerpo de adolescente. La fuerza del agua la une al desastre. Imagina que por fin conoce la corporeidad del mar. Escucha los truenos; la corriente la mece. Es un pez en pleno movimiento. Nada. Nada.

XV

Cambia el ritmo de su respiración. Luis, poco a poco, cierra los ojos para dejar que la sabiduría del ensueño llegue; algo superior a él dará el visto bueno al plan trazado desde hace una semana. Conocer el futuro es indispensable, eso fortalece su confianza para llevar a la práctica el asalto. Esta vez, Xavier no está presente, como en aquella ocasión: la voz cavernosa y ronca de un anciano aconsejó abandonar la violencia y el pillaje. Ninguno de los dos aceptó la reconvención, ni siquiera consideraron oportuno reflexionar acerca de su continuidad en el mundo del hampa. Ahora, en la cálida estancia del motel, Luis viaja completamente solo. Escandalosa aparición de una oscuridad a otra, un vistazo final a la gruta. Blanco coloreándose de negro y rojo, luminosidad de nuevo, un relámpago azulado y repentino rompe la imagen por venir. Opacidad. Silencio. Zumbido de respiración lenta mientras el cuerpo se relaja. Se oyen los alaridos, un pestífero musgo obstaculiza el paisaje. Luis intenta relajarse. Las fosas nasales amplían sus cavidades, como si absorbieran el espíritu de un animal enorme, violento. A Luis le tiembla el brazo izquierdo, quizá en otra parte de la realidad alguien pone fuego a sus falanges, a la palma de la mano extendida que muestra los anillos de oro en la siniestra, presiona el respaldo del sillón. Respira profundamente. Un quejido brutal antecede el movimiento de las botellas vacías sobre la cama. Los muebles se levantan unos centímetros del piso. Flotan el buró y la cama, sostenidos por invisibles brazos que acompañan la oleada de frío en el cuarto.

—*Envío mi mensajero delante de ti* —musita, atiplada y ronca, una voz que acaricia el oído izquierdo de Luis; el arete oscilando parece repetir las palabras: Delante de ti. Aquello balbuceado perfora el silencio, es un cuerpo semejante a la niebla—: *Delante de ti, mi mensajero.*

Entra al sueño por la vía fonética: *Mi mensajero.*

A pie, de noche, oscuros son los senderos en que se interna Luis. Avanza. Sus pies se hunden, manchados de barro hasta los tobillos, en charcos levemente hondos. Escucha un jadeo agudísimo, una voz estridente, venida de nubes arriba.

—Escucha —advierte a Luis.

Un crujido de ramas secas precede la imagen de un hombre delgado, con el cabello revuelto; camina cerca de un edificio polvoso, cuyas paredes muestran fisuras profundas; el derrumbe de la construcción parece inminente. Y en la entrada un perro de hocico largo gruñe, advierte peligrosidades con sus colmillos gruesos; en sus ojos grandes se reflejan aves en picada. Ladra enfurecido; espuma rojiza resbala por los colmillos dispuestos a la ofensiva. El estertor de un herido, es Xavier, en medio de la lluvia. Ese paisaje se dibuja con claridad en la mente de Luis: ciudad en ruinas mientras el agua sube de nivel y la corriente saca de balance todo lo vertical: árboles,

muros, animales. Da un recorrido por las calles ane-
gadas, de una luminosidad extraña, azulosa. Frente a
un riachuelo, Luis sufre la violencia de una mano que
lo empuja con fuerza.

Ve el reflejo de las nubes, granos de sal filosos a
punto de caer, de perforar la tierra. Intenta zafarse,
pero no tiene la fortuna de escabullirse; la presión en
su cuello impide cualquier movimiento. La presión
en la cabeza es contundente. Algo tras él grazna. Un
ave de proporciones gigantescas aletea. En el reflejo
acuoso, Luis clarifica la imagen: ojos rasgados, casi
líneas horizontales, y aguzadas orejas coronan el rostro de tez blanca; cabello largo, negrísimo, los labios
están destrozados por completo, jirones de piel balbucean, se mueven con lentitud extrema.

—*De ti, la violencia* —grita el reflejo desde la turbie-
dad del charco—. *Retira de mí tu mirada, ¿no hay nada que
temer en ella? Eres mío.*

Cae sangre, un escupitajo al riachuelo. La mancha
crece, tiembla en el reflejo. Luis oye lejanos vagidos
que se acercan; la sensación de asfixia es insoportable.

—*No escondas lejos de mí tu rostro. De cualquier forma
veré tu carne en muchedumbre, hueca.*

Luis, sentado en un sillón roto y deshilachado,
tose, saca espuma por la boca; abre los ojos. Nada de
lo que ha visto le da confianza para el asalto planea-
do. Se levanta y extrae un cigarrillo de la cajetilla que
había dejado en la cama, aunque ahora se encuentra
en el suelo. Cree que alguien ha entrado al cuarto.
Los objetos, revueltos; los muebles están fuera de su
sitio habitual. Deja la habitación. Bajando las escale-

ras se topa con Karla, dormida; la patea en la espalda. No despierta por completo, se cubre la cara con las manos.

Luis, por un momento, ve que Karla tiene el rostro deforme, agrietado, como si fuera la imagen de su ensoñación, incluso escucha que le coquetea:

—¿No te gusto, papacito? Hoy no he aguantado ningún tronco.

Luis sacude la cabeza, como negando la imagen; da un segundo puntapié, esta vez con más fuerza, a Karla.

—Tranquila, pinche puta —dice autoritario.

Karla supone que de nueva cuenta padece los caprichos de Luis y adopta una posición fetal, sólo para evitar más escándalo, más dolor.

—Quiero dormir, manito, al rato traigo dinero, déjame dormir —ruega.

Luis se sacude los pensamientos con otra idea: conseguir alcohol. Sale del motel.

En la calle dos ancianas mendigan sentadas en la banqueta; un taxista orina en el lote baldío, cerca de la obra negra, mientras el auto lo espera con el motor encendido.

Luis aprovecha el error y corre hacia el Tsuru: abre la portezuela y el resto de la maniobra consiste en quitar el freno de mano, pisar el embrague; en seguida mete primera y el acelerador facilita la huida. Ve por el espejo lateral que un hombre con el pene de fuera trata de darle alcance. Ríe. Sus manos se aferran al volante. En la avenida acelera aún más para que los jinetes de la máquina relinchen. Varias parejas le hacen señales para que se detenga, pero él necesita una tienda. Detiene el auto. Camina con tranquilidad hasta la puerta del autoservicio. Pide una botella de tequila a un joven que bosteza. No tiene que violentarse, sólo recibe el alcohol y regresa al coche.

—Vámonos, vámonos —dice con la boca pegada al pico de la botella, siente el calor del líquido entrando a su cuerpo.

El joven articula un par de frases incoherentes, salpicadas de sueño. Por las ventanas de los edificios se asoman algunas caras, inquilinos que dejan caer sus ojos con furia sobre el Tsuru en movimiento, observan cómo el auto se une a los demás vehículos.

Dos cuadras adelante un hombre levanta el brazo frente al taxi. Mira con preocupación el reloj de pulsera, lleva una mochila. Aborda el coche.

—Me lleva a tres calles y luego yo le digo por dónde me deja.

Luis asiente con la cabeza: el auto avanza. El hombre ajusta sus anteojos y de reojo ve la botella en medio de las piernas del conductor.

—¿Sabe qué? Mejor aquí me bajo.

El carro sigue de frente, rebasa a un Volkswagen por el lado derecho, casi choca contra un contenedor de basura.

—¿No me oyó? ¡Aquí me bajo!

Luis frena de golpe: el hombre y sus anteojos se impactan contra el parabrisas.

—Bájate si no quieres que te lleve la chingada. ¡Dame la cartera! Ándale. Llévate tus pendejadas, órale, agarra la mochila. Nada más quiero la puta cartera y si no tiene varo ya valiste verga, pinche puto. Apúrate.

Las órdenes son atendidas. Aparte de los quejidos, lo único molesto para Luis son las manchas de sangre y el parabrisas cuarteado. Se mete a un callejón para registrar el auto, bajo el asiento encuentra un revólver. Observa el arma con entusiasmo; la acomoda entre su piel y el cinturón. Abandona el taxi. Palpa en cada paso el metal del nuevo juguete. Camina bebiendo tequila, desea que alguien lo rete con la mirada para estrenar su adquisición reciente. Se recarga en una barda repleta de carteles que anuncian el programa de lucha libre. Con mucha tranquilidad cuenta el dinero; después arroja el rectángulo de piel negra contra los muros del mercado. Regresa contento al motel.

Karla está en las escaleras, dormida. Luis tiene la certeza, ahora con el tequila en la sangre, de que volverá a la sabiduría de los sueños para obtener la información que necesita. Esta vez, se acomoda en la escalera que asciende a la azotea del motel: cierra los ojos. Está en un pasillo.

En su mente aparece, otra vez, el charco de agua turbia; él, con la vista clavada en el reflejo, ve que un pie con los dedos torcidos sale del agua, o entra, no sabe distinguir el movimiento con claridad. En el empeine hay heridas de clavos, orificios nítidos. Siente dolor en la garganta: asfixia. Falla la respiración. Manotea para zafarse de las manos que lo hunden en el charco. Su necesidad es el aire, despertar, por así decirlo, y lo intenta, pero sin fortuna.

—Maté a un hombre por la herida que me hizo. Tú eres hueso de mis huesos, Luis.

Descubre un paisaje de aspecto furtivo, clandestino. Sus pasos apagados encuentran incendiarias voces, vagidos en aquel camino arenoso, entre tinieblas tan escorzadas que parecen frenéticas y poseídas por una violencia inminente. Luis avanza con lánguida preocupación. De nuevo esa mano poderosa lo sujeta de la nuca, acercándolo al charco.

Reconoce, en el reflejo, el rostro del hombre barbado, cuyo pelo es semejante a las raíces de árboles antiquísimos. De pronto el agua se convierte en sangre, escurre por los labios de esa persona, aunque a Luis le parece que en realidad el líquido es vómito.

—¿Por qué huyes, Luis?

La voz se vuelve más grave, un balido. La boca de esa persona sigue moviéndose con lentitud, inventa un oleaje pequeño en el reflejo, escupe palabras:

—Te consumirás en la oscuridad que me envuelve, en las paredes que me cubren. Te ahogarás por la sangre.

Mientras intenta zafarse, Luis oye:

—Los ojos de los hombres; los ojos del Señor; es todo lo que vemos: reflejos.

Despierta. Piensa que el asalto no es una buena idea. Da un trago a la botella. Escucha que lo nombran, un grito agudo. Todo está en penumbras; los focos de neón que anuncian vacantes en el motel iluminan intermitentemente el pasillo. Frota sus párpados con los dedos de la mano, con calma. Escucha al hombre que trata de ahogarlo en los sueños:

—Piel por piel.

Luis busca el origen de la sentencia, pero no ve nada. Se siente mareado: cae encima de la botella de tequila. El cristal roto le hace una herida en el pecho, poco profunda. Se levanta del piso y suspira para tranquilizarse. Camina hasta su habitación. Abre la puerta y se guarece, un poco, de sus temores. A través de la ventana ve la ciudad: eleva la mirada y nota que las estrellas son grandes, puños gigantescos. Descubre la orfandad. Vuelve a oír la sentencia:

—*Piel por piel, Luis.*

Se recuesta en la cama. La frialdad del revólver bajo la almohada lo relaja y decide dormitar. Con los ojos cerrados reconstruye el cuerpo de Berenice, la manera en que respiraba ella cuando él se hundía en aquel cuerpo avejentado; siente el peso de las tetas en las manos. Recrea las frases; los gemidos de ella que lo nombran. Esa mujer se hace presente, aunque no exista ya, aunque haya sido asesinada por los policías que patrullan el barrio; pero el recuerdo de ella trae calma a Luis. Escucha un trueno: abre los ojos. Ve a través de la ventana un relámpago. Se rasca la frente. Retorna con optimismo a la escena íntima protagonizada por Berenice, acaricia su pene y detiene hasta la respiración al escuchar la advertencia de su pesadilla:

—*Piel por piel, Luis.*

Agarra el arma. La intermitencia de los focos de neón es insuficiente para observar con detenimiento todo lo que hay en el cuarto, en el umbral del baño. Se levanta de la cama y recarga la espalda en la pared. Ve una sombra más densa, móvil, en medio de la habitación. Una oleada de frío invernal hace temblar a Luis, quien se detiene junto a la ventana; su rostro es iluminado. Aparte del gélido ambiente, un olor a huevo podrido potencia el pavor.

—*Piel, Luis.*

De nuevo la voz cavernosa emerge; Luis apunta el arma en distintas direcciones. Da un paso al frente, titubeando, con la presencia de algo en su hombro derecho, gira en sentido contrario al oír, de nueva cuenta, la frase de sus pesadillas, de las inmersiones en algo que él conoce como sueños. Piensa en rezar, en unir sus manos y evitar el daño que se presagia inminente; más cuando ve, frente a él, esa oscura presencia, la sombra pesada, enorme. El olor a podrido es fuerte. Siente como si un caballo aventara el aliento frente a su nariz. El frío le congela el rostro. El brazo se mueve en contra de la voluntad de Luis; el arma se adhiere a la cabeza. Luis siente manos en el torso; dedos alargados en el cuello. Se oye un disparo. La noche presagia una tormenta. Nada en el barrio se altera por el grito de una bala.

XVI

Te suben al auto, Xavier, deberías abrir los ojos porque una patrulla no es la salida, ni siquiera se parece a los carruajes que has deseado, al fuego y los gritos de los ángeles esperados. Estás perdido en tu miedo. ¿No ves en todo esto la historia de un hombre que se repite? ¿Cuántos años tienes? Treinta y tres no es un buen número. Debes estar seguro de que mi voz en ti no es nueva, la has escuchado varias veces y con todos sus registros, ¿entiendes? Abre los ojos y estréllate con mi sonrisa. Ábrelos, Xavier, porque si no ves el mundo y lo confrontas no puedes soltar tus palabras, no puedes desamarrarlas. ¿Eres un petirrojo, Xavier? Un avecita que no tiene remedio, un alado con miedo de caerse. Tienes miedo de ver el fondo y chocar. Allá te esperan. ¿Te acuerdas de Luis? ¿Recuerdas lo que dijo? Piensa. Eres un ave; tienes alas, rotas. ¿Quieres dejarte caer? Sería bueno que dijeras algo. ¿No tienes frases? Te arrancaron la fe. Dime, petirrojo. Ni siquiera tienes el valor para entender que no estás solo. ¿Crees en dios, Xavier? ¿Crees en ese hombre de brazos largos y violentos? Abre los ojos. Veme. Estoy junto al policía gordo, al que tiene en las manos el periódico. No sé por qué Karla nunca te dejó jugar con ella. Si yo fuera ella estaría pidiéndote que vivieras conmigo; mi sexo, mis manos y mi boca serían tuyos, Xavier, no tendrías que pedir nada.

¿No te gusta mi boca? Es carnosa, puede adaptarse con facilidad a quien la quiere. ¿La has visto bien? Mueve la mano, estoy frente a tus piernas. Cuídame, el gordo de aquí adelante me hizo sentir muy mal. ¿Tú no vas a hacerlo, verdad? Por favor, míralo. Hoy me puse loción en el pecho. Deberías olerla, te acordarías de esos días, cuando estábamos en el hotel y me pusiste la mano en la espalda y la bajaste, la bajaste rápido. No te enojes conmigo porque no quise hacer nada ese día. Estoy frente a tus piernas. Abre los ojos, por favor. Verías cómo me acerco, esta vez despacio. No dejes que el gordo me toque porque me duele, Xavier, me duele. Abre los ojos.

—Ora pinche loco, no te hagas pendejo, ¿qué es eso de que el Señor está por venir? En el penal te va ir como en feria, cabrón —interrumpe el chofer al mando e ignora la luz roja de un semáforo.

—No ves que viene concentrado —agrega el policía gordo y pone sus ojos de cerdo en el espejo retrovisor; destapa su refresco en lata.

Contéstales, Xavier, tienes la fuerza para hacerlo, para decirles todo eso del Señor que viene por nosotros. ¿No vas a decirles que se arrepientan de ser malos? Anda, petirrojo, ¿no te piensas caer de la rama? Abre los ojos, el fondo del bosque está lleno de hojas secas, de ojos que esperan tu caída. ¿Qué habría visto Luis para matarse? Dicen que vio al Señor, Xavier, ¿por qué no lo miras de una vez y decides si quieres seguir con esto?

—Contesta, cabrón —grita el conductor y golpea el tablero.

FEDERICO VITE

—A lo mejor está meditando, no sea grosero, pareja —argumenta carcajeándose, gruñe entre carcajada y carcajada.

¿No piensas hacer nada, Xavier? Se pueden poner furiosos estos hombrecitos. ¡Pendejo! Mírame si tienes güevos. Mírame, hijo de tu puta madre. Deberías ver que estás hecho de mierda, que no eres de barro. Eres de mierda. ¡Huele! Huele tus manos para que lo compruebes. Hueles a mierda. Eres una puta, pero no te aceptas.

—Contesta —insiste el de la mirada de cerdo y cachetea un par de veces a Xavier—. Abre los ojos, pendejo. Hijo de puta, ¡contesta!

¿No puedes tirarte, petirrojo? La rama está por caerse. Los ojos te llaman, el bosque espera el crujido de tu cuerpo.

—Entonces quieres tener los ojos cerrados —dice aventando el refresco en la cara de Xavier.

—¿No tienes miedo de que te castigue Dios, pareja? —agrega el conductor y acelera.

No sabes lo que te espera, Xavier. ¿Te acuerdas del ave que mataste? Su mirada era fortísima, por eso le sacaste los ojos con la navaja. ¿Y su cuello? Cayó con tanta facilidad; un tajo bastó para separar el cuerpo. ¿Qué pasaría si te hicieran eso, petirrojo? ¿Qué pasaría si te sacaran los ojos?

—Que me veas, hijo de tu puta madre. ¿No me oyes? Quiero que me digas qué cosa es eso de la visita del Señor.

—Habitas en mí; me invades —balbucea Xavier apretando sus puños.

88

Las voces del radio transmisor anuncian que un hombre acababa de matar a su novia y pide desesperadamente un sacerdote.

—Otro pendejo, pareja; acelera que este güey tiene que llegar rápido.

La patrulla avanza entre los autos, bajo el cielo nublado.

¿Si perdieras la fe, Xavier, qué harías? Abre los ojos. No tengas miedo de encontrarme. Tienes alas, pero no sabes qué hacer con ellas. Cae, Xavier, es lo único que te queda, es lo único que puedo ofrecerte.

XVII

Traga saliva. Finge un poco de tos. No se atreve a llevar la plática al asunto que ha pensado durante horas; desde la mañana, cuando Catalina llegó a casa y se animaron a pasar el día juntos.

—Me han dado muchas ganas de irme de aquí. Sería mejor, no crees, mujer, tener una casa en otra ciudad. Puedes conseguir trabajo de recamarista en otro hotel. Donde trabajas no está muy bonito. Siempre está lleno de travestis y de putas. No me gusta ese lugar para ti.

—¿Y si no agarro chamba luego luego? Por lo menos aquí me dan dinero. ¿A poco nos va mantener tu mamá? No se me hace una buena idea irnos ahorita. Hoy estuvo muy bien todo: la comida, la tele, la familia junta. Fue bueno el día, pero no creo que todos sean así.

Observan dormido al niño, junto a sus juguetes y el pequeño maletín de viaje, recostado en el asiento trasero.

—Mira, Catalina. No me gusta que vivas en este lugar —observa la terracería; el lote baldío—. Vente a vivir con nosotros, ¿quieres? Mi hijo ya te dice mamá. ¿Te molesta eso?

—Bueno —cruza los brazos—. Vamos a planearlo. El fin de semana que viene, si tú quieres, podemos ir a casa de tu mamá. Yo veo cómo nos arreglamos. ¿Te parece, Francisco? Me he sentido muy sola, y luego con esos sueños que te decía. Lo planeamos el fin de semana y sirve que conozco mejor a tu familia. Si me gusta, ¿a ver cómo le haces? Porque ya no me regreso —sonríe.

—Piénsalo, mujer —le toma la mano; acaricia los dedos, el anillo de fantasía—. A lo mejor hasta te regalamos otro más bonito que éste —baja la voz al mencionar el detalle de una sortija—. ¿Cómo ves?

Se besan con ternura.

—¿Quieres que pase por ti mañana, Catita? ¿Quieres?

—Sí, por la noche. A la misma hora de siempre; te espero afuera. Gracias, Pancho.

Se despiden con un abrazo y se besan las mejillas.

Enciende de nueva cuenta el Tsuru cuando ella se detiene en la puerta de su departamento y lanza un beso al aire. Catalina mete la llave en la chapa y se entra a su intimidad, un sitio muy pequeño que le fue heredado cuando su padre y sus dos hermanos se fueron a Estados Unidos. Hace más de dos años. No ha recibido noticia alguna de ellos.

Avanza despacio entre los baches de la terracería. El niño no se despierta por ningún motivo; tal parece que fue programado para dormir una larga siesta. El camino de regreso es largo. Sale de esa zona de la ciudad; llega a una avenida. Escucha el aullido de los perros. Al esperar que la luz roja del semáforo cambie, ve por el retrovisor que un hombre delgado lidera una jauría; los caninos ladran, hacen presente su existencia con bramidos. No espera la luz verde.

Acelera. No pudo ver bien los rasgos de ese tipo, pero le asusta que de pronto haya aparecido así: en medio de bestias. El tubo de escape del Tsuru deja una estela de humo blanco.

XVIII

Impostergable, escucha Xavier, piensa que escucha. Escala con facilidad un muro de piedra; tras él comienzan las edificaciones inconclusas de la obra negra, abandonada desde hace años. Da un salto pequeño para esquivar los cadáveres putrefactos de algunos gatos que han muerto por envenenamiento. Gira la cabeza para ver si alguien lo sigue. Oye pasos, también carcajadas que amplifican la confusión del instante. Suda copiosamente. Busca el origen de su temor. Recuerda con miedo una estancia singular de su infancia; entra por primera vez a la iglesia. Sabe, debido a la lengua suelta de otros niños de la calle, que en ese sitio regalan pan los jueves. Y Xavier observa a Cristo; los feligreses se retiran rumbo al atrio para recibir las piezas de pan. Siente que alguien le palmea la espalda. Da media vuelta. No hay nadie cerca de él.

—Estarás peor que él, Xavier, sin certeza alguna —un niño le susurra al oído.

Al final de la frase percibe un siseo que se convierte en lamento. Y se aleja de la imagen de Cristo; nota que las esculturas de otros santos parecen cobrar vida. La flama de las veladoras tiembla, se mueve de un lado a otro. Juraría que una de las vírgenes levanta un labio para presumir sus colmillos. Cierra los ojos. Escucha de nuevo el siseo infantil, el lamento agudo. Se orina en la iglesia. Corre por un campo de futbol, pero ya no es un niño, han pasado los años y en cierta manera se ha acostumbrado a este tipo de manifestaciones extrañas. Aprisa se desplaza por el campo; cruza la portería sin red. Llega hasta su cuarto de madera, junto a un puente peatonal. Abre rápido la chapa y se sienta en la colchoneta, único mueble que posee. Recobra el ritmo normal de su respiración cuando ve cómo un hombre atraviesa la pared de su habitación. Tiene un orificio justo en el centro del pecho, carece de piernas. Viste una sotana negra. Es calvo, pero no por completo; una aureola de chinos cubre el cráneo. Su mirada es dulce, aunque la voz es cavernosa. Flota lentamente para acercarse a Xavier.

—Vine por ti —advierte y se desaparece repentinamente.

Queda una sensación gélida en el cuarto, vapor frío que mengua las ansias de Xavier: no sabe qué hacer. Se levanta de la colchoneta y toca la madera de su habitación para comprobar la volatilidad fantasmal de quien acaba de visitarlo. Abandona su cuarto. Camina rumbo a la obra negra. Piensa que hace unos días estuvo con Luis. Bebían charanda.

—No puedes huir toda la vida —un bisbiseo salió de entre los escombros de una columna, ahí, en el hotel. Escuchó también el siseo violentando la tarde.

Y ahora no puede con la sensación de que alguien lo vigila. De nuevo percibe las pisadas tras él; risas. Los botes de aluminio crujen; las bolsas forman círculos, tornados pequeños e inquietos. Entonces la pesadez en el cuerpo, quizá un pensamiento de hierro, evita que siga en movimiento. La presencia de algo se posa sobre los hombros de Xavier, quien levanta la cabeza y observa el cielo, las estrellas titilan. Las pisadas de eso, de alguien o algo, roen la noche. Sus rodillas descienden hasta tocar el piso, frente a la cruz de madera que corona la construcción inconclusa, basurero donde cientos de veces han tirado cadáveres.

—Si no tengo remedio, de rodillas y a tus pies —eleva sus palabras al cielo, aunque no sabe por qué dice eso. No lo entiende. Su espalda se arquea; alguien le empuja el pecho; trata de hacer que los hombros se junten con los talones. Abre la boca; pero el grito de dolor no llega.

Los caninos aguzan las orejas, ladran presagiando algo temible. Chillan arrinconándose.

Más que hombre, parece un arácnido. Se apoya con las palmas de las manos en el suelo; su mirada se mantiene fija en la cruz. Crujen las extremidades; la posición no es cómoda, la espalda casi se une a los bíceps femorales. Avanza unos metros al lado derecho. Se desploma: un hilo de sangre resbala por su frente; también por las palmas de las manos. El líquido desciende por la nariz, roza los labios y en la barba espesa se pierde. El cuerpo se convulsiona en medio de la noche. Y el frío arrecia; horas después abre los ojos.

Los caninos rodean a Xavier, lo huelen. Husmean. Y él ve, piensa que ve, cómo el hombre del hueco en el pecho le toca los labios.

FEDERICO VITE

—Impostergable —dice aquel tipo acariciándole la frente; las manos.

Siente cómo el sudor lo envuelve. Poco a poco, se pone de pie. Sale de la obra negra; se enfila rumbo a la ciudad por la carretera vieja; tras él, los perros abren y cierran las fosas nasales; lo siguen, todos ellos avanzan al mismo paso de Xavier. Aúllan de pronto. Su lamento es agudo, molesto y agresivo. Avanzan simulando un ejército.

Xavier experimenta un vigor extraño, eufórico. Sólo había sentido eso con la cocaína. Camina por la avenida, siente el zumbido de los autos que transitan, a toda velocidad, a su izquierda. Los gestos de su rostro se han vuelto rígidos, forman una especie de sonrisa; las ofensas de los automovilistas no estropean la mueca. Lidera un pelotón que aumenta su tamaño cuando los faros de los coches proyectan la sombra de los caninos en las paredes de los edificios viejos.

Xavier observa con ternura los movimientos de su tropa en crecimiento; ahora él aúlla y reúne más perros hambrientos.

—Uno a uno serán llamados —anuncia y con su brazo señala el cielo nublado. Del suelo levanta grava, piedras duras, de tamaño considerable.

Los aullidos provocan la curiosidad de los inquilinos que habitan los departamentos pequeños en los edificios cuarteados. Hay rostros asomándose por las ventanas: descubren la jauría.

Xavier, con mucho esfuerzo y utilizando las rocas, abre los candados que aseguran la cortina metálica; en seguida los cristales de los refrigeradores estallan. El olor a carne lo reconforta.

—Es la hora justa —Xavier carga con ambos brazos una pierna de cerdo y la muerde con fuerza; arranca únicamente el pellejo y mastica, luego avienta el botín al suelo—. Pasen, pasen todos —llama lo más tierno posible a sus acompañantes que de inmediato se abalanzan por la comida. Los colmillos trituran huesos, los desnudan.

Sonríe, levanta sus manos al cielo; hay sangre en ellas.

—De rodillas y a tus pies —dice hincándose, besa el suelo al ver las luces de una patrulla—. A tus pies, Señor —pronuncia Señor con miedo, con la confusión acumulada durante toda su vida.

Los canes continúan devorando el resto del cerdo.

Una patrulla frena de golpe. Los policías bajan del auto abriendo fuego contra los perros y los dispersan.

—A tus pies, Señor. Hágase tu voluntad y no la mía —sentencia Xavier cerrando los ojos; escucha las detonaciones, los gemidos lánguidos de su ejército y las sirenas de los refuerzos—. Tu voluntad y no la mía.

Siente la frialdad de un cañón en la sien.

—Levántate, hijo de tu perra madre. Estás mal, cabrón, bastante mal —ordena el policía y observa con morbo la cruz formada en la frente de Xavier, quien abre los ojos y queda momentáneamente lampareado al ver la luz metálica de la torreta.

XIX

Lejos de la condición agreste que caracte-
riza el oficio eventual de albañil y la vocación de
drogadicto, resulta incomprensible la excesiva sen-
sibilidad del tacto; le ha causado molestias hoy, ex-
cesivas, a Xavier. Ni siquiera ha podido fumar. No
controla el ardor, la comezón y las punzadas en las
palmas de las manos. Ha revisado cuidadosamente
si tiene algún bicho, pero la piel da una impresión
saludable: carece de ronchas, no hay más callos ni
pequeñas incrustaciones de vidrio. Extraño, pero la
piel endurecida por la rudeza con la que este hombre toca el mundo muestra una debilidad inusual,
femenina incluso, pues se lastimó hojeando las revistas pornográficas que había encontrado la noche
anterior en la calle.

—No sé qué pasa, man. Todo el puto día me han
estado dando lata los puños, como si fueran de otra
persona: pican, duelen. Neta.

Luis rasca una de las cejas; ve a lo lejos el terre-
no baldío. Cuando están con los albañiles, prefiere
no hablar. Sabe que ellos lo observan, justo como
ahora, y prefiere guardar sus pensamientos para ocasiones posteriores. Desde hace días tiene la intención
de cometer un asalto. No quiere revelar su plan en
este momento, cuando el fin de la jornada facilita las
charlas entre vagos igual que él.

—Valimos verga, parna —dice dando media vuelta. Se aleja.

—¡Hey, cabrón! —grita Xavier, pero no tiene respuesta.

Camina cerca de la carretera. La sombra se proyecta justo en medio de la línea blanca. Avanza sintiendo la fuerza de los últimos rayos de sol en el pecho. Tiene la necesidad, se convence, de ir a la obra negra, ahí sus pensamientos podrían aclararse. La noche aún no nace. Tiene miedo de las voces que siempre ha oído; sí, también de encontrarse con el tipo al que le robó los tenis.

—¡Vale verga! —se persigna, hace mucho tiempo que no forma una cruz con sus dedos y la besa.

Acelera el paso. Corre, no sabe por qué. La prisa, de nueva cuenta, lo impulsa; también, esa terrible ansiedad que desde años atrás controla con alcohol, con heroína o con mariguana. Siente como si alguien hubiera detonado una bomba en sus entrañas. A toda prisa, la sombra de Xavier se mueve por la carretera; en sentido contrario a la ruta de Luis.

Los albañiles ríen del comportamiento misterioso de Xavier y de Luis. Han de ser puñales, piensan, pero no lo verbalizan.

Desde el edificio viejo un hombre atisba la ciudad por la ventana; escucha el ladrido de los perros. Tras él, su hijo juega con soldados de plomo: un ejército se abalanza contra la tropa de menor armamento. Se frota los párpados, estira la mano para subir el volumen del televisor. El canal del clima es muy claro respecto al tiempo que se avecina. La densidad de las nubes en el monitor hace pensar en manchas de crayones. Una mujer con traje sastre color azul marino pronostica lluvias ligeras. Consulta su reloj de pulsera: 10:00 pm. Sabe que si toma la decisión de salir inmediatamente de casa podría evitar las complicaciones de un chubasco en carretera.

—Sergio, ¿quieres ir con abuela?

—Sí, para comer chocolate. Sí —pisa un soldado con sus botas—. Sí, papá.

—Arregla tu maleta, hijo. Apúrate.

El niño junta ropa, juguetes y varios soldados más, esta vez todos vestidos de blanco. Guarda un suéter en su pequeño maletín de viaje.

—Papá, ya. Vámonos —apaga la luz de la habitación y mueve un mechón de pelo de su frente.

El hombre apaga el televisor.

Descienden las escaleras; se acercan al Tsuru, un vehículo austero. Ambos se acomodan en los asientos del piloto y del copiloto. El auto no enciende; el hombre intenta de nuevo la ignición girando la llave que introdujo con suavidad al switch.

—Papá, el perro se orinó en la llanta.

El hombre baja del vehículo; abre el cofre, echa un vistazo a los cables del motor, a las terminales de la batería. Se coloca de nuevo frente al volante. El taxi no da respuesta alguna. El viento hace bailar bolsas de plástico, papeles, hojas secas; todos esos cuerpos maleables se elevan rumbo a los cables de los postes telefónicos. Se presiente el agua en la densidad de la noche. Por el espejo retrovisor descubre a un hombre delgado que cruza la calle; alguien que mira constantemente hacia atrás. Hay una camioneta Plymouth que obstruye la visibilidad.

—Bájate, Sergio. Luego probamos.

—El perro, papá. Volvió.

—Bájate, hijo. Hazme caso.

Ambos dejan el auto; el hombre comprueba que las dos portezuelas están completamente cerradas. Vuelven al edificio.

El niño continúa la batalla con los dos ejércitos de plomo; esta vez los espíritus de los soldados muertos atacan con violencia inusual a los vivos.

El hombre mira desde la ventana los movimientos de Xavier. Nota que abre una especie de costal; saca periódicos, revistas y hojea las publicaciones. El ladrido de los perros aumenta. Da media vuelta y enciende el televisor. Pone atención a una película en la que un hombre oculto tras una máscara de portero de hockey usa una sierra eléctrica sin piedad para cercenar el brazo de un joven asustado, un pelirrojo que grita pidiendo clemencia.

Al amanecer el cielo se ve completamente brillante. El hombre despierta porque el timbre de su apartamento no deja de sonar. Se levanta; en la pantalla un programa de variedades da la bienvenida a los televidentes. Ve a su hijo abrazado a la maleta, en el piso; sacude la cabeza y lo acomoda en el sofá.

Abre la puerta.

—Hola, ¿desayunamos? tengo todo el día para ti.

Escucha con sorpresa que Catalina desea quedarse en casa, compartir unas horas con él, con el niño. Acepta la proposición con agrado.

Sirven cereal en dos platos hondos. Mientras comen, ella le cuenta un sueño: una víbora de agua hundía ciudades, alguien le dijo que moriría con el pelo largo. Él sólo escucha; la toma de la mano. Ella abunda en los detalles de su pesadilla.

—Es que de pronto, así caía y caía el agua. Pero era tan real. Luego alguien, no sé de dónde, me decía que me iban a matar. Muy feo, de verdad. Cuando abrí los ojos la cama estaba mojada. Y no me oriné, te lo juro.

—Ya pasó. ¿Quieres que preparemos algo más?

—¿Tú cómo estás, Francisco?

—Bien. Ayer trabajé. Es mejor turno el de la noche. Pasajes rápidos, poco tráfico. Me gusta.

—No dejes al niño solo, Francisco.

—Mi madre lo cuida; hoy está en su pueblo, sabes. Pensaba ir anoche.

—¿No ibas a avisarme?

—A esta hora ya hubiéramos regresado. Era cosa de un paseo rápido. Tú sabes, me gusta manejar de noche.

En el televisor las conductoras presentan un reportaje especial acerca del aumento de la delincuencia en la ciudad.

Él cuenta el suceso nocturno en la calle: vio a un hombre que parecía huir de algo.

—Parece que le habían dejado un costal abajo de la camioneta vieja.

—Es que en mi sueño, Francisco —hace una pausa y solloza—. En mi sueño hasta los perros se mordían entre sí. Los pájaros se sacaban los ojos. Y esa voz, tan rara, me dijo que me iban a matar con el pelo largo y me asustó. Pensé cortármelo, pero me arrepentí.

—Fue una pesadilla. Nada más. Quédate hoy, ¿sí? Hasta la noche. Yo te llevo a casa, ¿quieres? Anda, quédate.

—Está bien, pero tú vas a hacer la comida. Necesito que me mimen —dice adelgazando la voz, en un tono infantil.

Ambos ríen. Se sienten plenos, tranquilos, acompañados.

XXI

Xavier abre los ojos de golpe; sabe que alguien, aunque se encuentra solo, ha estado acariciándole la frente, aún siente la mano encima de su piel. Es buena hora para dar un paseo por el barrio. Se quedó dormido cerca del hotel. Recargado en una de las bardas. Cree que observan sus movimientos, aunque no hay nadie en la calle; cambia de banqueta constantemente, modifica la velocidad y el rumbo de sus pasos. Corre. Escucha pasos tras él.

Se mete en un contenedor de basura; restos de comida, papeles con mierda y el olor agrio de las frutas descompuestas reciben al escondido. No escucha ruido alguno. Minutos después, ya con la sensación de asco, sale del contenedor casi en silencio. Avanza por los callejones, los perros ladran, como avisándole algo.

Bajo una camioneta Plymouth, descubre una mochila vieja con varias revistas pornográficas y unos audífonos rotos. "Te rayaste", dice sonriendo. Corre a paso lento, cerca del edificio escarapelado, de tonalidades oscuras. Los focos de algunas habitaciones están encendidos. "Te rayaste, puto", comenta aplaudiendo. Acelera el paso. A lo lejos observa el resplandor de un anuncio luminoso, viejo, en el que se daba cuenta de un gran proyecto arquitectónico que no se ha concluido. Esa imagen es el futuro, una mentira hermosa, planeada para revestir las ruinas de un sueño. Planea ir a su cuarto para ver las fotos de las mujeres desnudas en poses excitantes. Sólo eso lo motiva.

XXII

—¿Crees en Dios, parna? —pregunta Luis a Xavier, quien observa con lujuria las piernas de Karla, recostada en la cama, metros atrás del sillón que usa Luis para consultar a sus espíritus—. ¿Dime la verdad, crees en Dios?

Toma el cigarro de mariguana; fuma. Mantiene el aire durante segundos y vuelve a darle otra calada.

—¿Crees que si existiera tú y yo estaríamos vivos? Acá, la neta, Luis. Si nomás andamos viendo a quién atracamos. ¿Crees que existe?

—Sí. Está cabrón pensar eso —responde y toma una lata de cerveza que está junto a su pierna.

—Parna, ya clávate. Entra en esas ondas. Hay que ver lo del asalto.

—Simón. Pero una cosa que te quede clara, banda. Si me dice que sí o si no, no importa, vamos a dejar de vernos un rato. Yo siento que los albañiles andan acá, licando.

Chocan los puños; las manos de Xavier son lisas, sin mancha alguna, igual que su frente.

Luis respira profundo. Trata de entrar a ese estado en el que otros espíritus lo visitan, lo llevan a conocer ciertas cosas aparentemente incomprensibles. Mueve la cabeza con los ojos cerrados. Respira.

Xavier se acerca a la cama; toca la espalda de Karla; se imagina lo suave que debe ser la vulva de esa muchacha. Acaricia las nalgas, pero Karla se mueve para evitar el contacto.

—No. No quiero, Xavier. Mañana, si tienes dinero, duermes aquí, conmigo, y nos bañamos juntos —sugiere adormilada.

—Xavier, tienes que alejarte del pillaje —recomienda una voz que no es la de Luis, sino grave, rasposa—. Debes.

Luis despierta asustado. Bebe de su cerveza.

—No, banda. Vi que me metían un balazo. No se arma lo del atraco. Están enojados los espíritus. Me putearon. Prende el otro cigarro, cabrón.

Fuman viendo la ciudad por la ventana. Las estrellas son claras, poderosas. Notan una acumulación de nubes a lo lejos, pero saben que no es tiempo de lluvia. Disfrutan lo agradable del clima en primavera.

—Verga. Si Dios existiera, tú y yo no estaríamos viendo esto —dice Xavier dando la última calada al cigarro de mariguana—. Ya estuvo, parna. Me jalo a ver si agarro algo en la calle.

—Como quedamos pues, banda.

Chocan los puños. Xavier cierra la puerta. Desciende las escaleras. No volverá a ver a Luis ni a Karla. Sale al mundo. Se recarga en una barda. Desde ahí ve a un travesti viejo que usa un vestido color vino, quien se acerca temeroso a la esquina, espera clientes mientras se enchina las pestañas con una cuchara.

—Es fino el puto —deduce.

Ve las estrellas. Sonríe. La mariguana es un gran sedante para este hombre.

Ciudad de México, 2004

LA PEREZA EDICIONES

OTROS TÍTULOS DE LA COLECCIÓN PEREZOSA

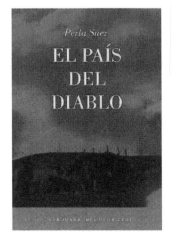

Made in the USA
Columbia, SC
06 June 2023